キリスト教研究叢書

# 東アジア・キリスト教の現在

芦名 定道

三恵社

# はじめに

　本書は、2年ほど前に刊行された『近代日本とキリスト教思想の可能性――二つの地平の交わるところ』（三恵社、2016年）の続編として位置づけられるものであり、前著と近代以降の日本・東アジアのキリスト教研究というテーマを共有している。前著の議論が、思想研究の方法論を中心としていたのに対して、本書は、東アジアのキリスト教のより実態的な側面に焦点を合わせている。近代・東アジアにおけるキリスト教思想にとって、この地域のキリスト教の現実のあり方は、その背景また前提となるものであり、キリスト教の歴史的現実を無視したキリスト教思想研究があるとすれば、それはおそらく机上空論に終わるであろう。

　本書では、思想研究の前提となる歴史的キリスト教を、近代社会との関連において捉えることを意図している。その際に、キリスト教と社会について、親密圏から公共圏へいわば階層を上昇する仕方で議論は配置されている。つまり、家族（親密圏）から、家を基礎とする死者儀礼と公共性（親密圏から地域共同体・公共圏へ）を経て、民族あるいは国家へと、4つの章の内容は組み立てられている。また、各章においては、日本、中国、韓国（朝鮮半島）という東アジアの諸地域・諸国家の比較という方法論的視点が設定されており、さらに文献資料による研究とフィールド調査との関連付けが試みられている。

　次に、本書に収録された諸論考（4つの章は、独立の4つの論文として執筆された）の成立の場について、説明しておきたい。これらの論考は、過去15年ほどの間に著者によって行われた研究に基づいており、第三章の基になった研究は、次の研究プログラムに関わる研究費の交付を受けて行われた。それは、京都大学21世紀ＣＯＥプログラム「グローバル化時代の多元的人文学の拠点形成」（拠点リーダー、紀平英作。2002年度から2006年度の5年間）内の研究班「多元的世界における寛容性についての研究」によるもの

である。著者は21世紀ＣＯＥプログラム内のこの研究班の研究リーダーをつとめたが、この研究班においては、多元的世界において生じる多様な対立状況の中で、寛容性がいかに問われ構築されてきたかを実証的に論じ、現代の寛容論に対して理論的な基盤を提供することが目ざされた（研究成果は、芦名定道編『多元的世界における寛容と公共性——東アジアの視点から』晃洋書房、2007年、として公にされた）。そこで著者は、特に、東アジアにおける宗教的多元性の状況分析と、公共性との関わりについての研究を担当した。この21世紀ＣＯＥプログラムの予算による研究は、日本、中国、韓国におけるフィールド調査を含んでいたが、それは、金文吉（第一、二章に関しても）、方俊植、徐亦猛の各氏との共同研究として行われた。

また、本書は「東アジア・日本とキリスト教」に関わる問題を扱っているわけであるが、このもとになった研究は、先の21世紀ＣＯＥプログラム以外にもさまざまな研究費の交付を受けて行われた。著者は、これまで自然神学や科学技術の神学というテーマについて研究を行ってきたが、本書はこうした研究にも関連している。自然神学や科学技術の神学をめぐる研究は、科学技術の神学を東アジアの文脈で具体化するという研究構想を介することによって、「東アジア・日本とキリスト教」研究といわば一体のものとして進められたのである。この事情から、本書は現在進められつつある、次の科研費による研究の一環として刊行された。

平成28～30年度の基盤研究(C)・課題番号16K02180「拡張された自然神学の具体化としての「科学技術の神学」—東アジアの文脈で—」（3,400千円）。

したがって、本書は東アジアの文脈で「科学技術の神学」を展開する際にその前提とされる東アジア・キリスト教研究のまとめとして位置づけられるものなのである。

なお本書は、ここに東アジアのキリスト教について行われたフィールド研究が含まれることを考慮して、過去10年程度の研究成果を総括ものとしてこの時期に刊行することにした点を申し添えておきたい。というのも、調査内容が10年以上も昔のものとなる場合には、「現在」のキリスト教について

のフィールド調査としてはやや古すぎるとの感が否めなくなるからである。

　また本書（第一、二、四章）については、著者が所属している「アジア・キリスト教・多元性」研究会（2015 年に会の名称変更）という共同研究の場において生み出されたものである点も忘れることはできない。すなわち、本書に収録された論考のいくつかは、この研究会の研究雑誌（『アジア・キリスト教・多元性』。http://repository.kulib.kyoto-u.ac.jp/dspace/handle/2433/57663）に掲載された論文がもとになっているのである。この事情は、特に本書の第四章注 4 で指摘した通りである。

　以上の研究を進めるにあたっては、実に多くの方々から助力と協力をいただいた。その方々の名前は逐一挙げることは省略させていただくが、「アジア・キリスト教・多元性」研究会のメンバーの方々、特にフィールド調査に協力いただいた、金文吉、方俊植、徐亦猛の各氏に感謝申し上げたい。

　また、本書の刊行は、前著『近代日本とキリスト教思想の可能性――二つの地平の交わるところ』（2016 年）と同様に、三恵社の全面的な協力によって可能になった。特に、木全哲也代表取締役と担当の片山剛之さんに対して謝意を表したい。

2017 年 11 月

芦名定道

# 目　次

はじめに............................................................................ 3

第一章　東アジアの宗教状況とキリスト教
　　　　―家族という視点から―............................................. 7

第二章　死者儀礼から見た宗教的多元性
　　　　―日本と韓国におけるキリスト教の比較研究より―..... 30

第三章　東アジア世界における宗教的寛容と公共性........... 49

第四章　アジアのキリスト教とナショナリズム
　　　　―内村鑑三の非戦論との関連で―............................. 72

文献表................................................................................ 95

人名索引............................................................................ 103

# 第一章

## 東アジアの宗教状況とキリスト教
　―家族という視点から―

## 一　問題

　東アジアのキリスト教は、19世紀のプロテスタント諸教派の宣教師の来日から数えても、すでに150年を超える歴史を有している[1]。しかし、キリスト教研究において、東アジア・キリスト教の研究はその意味が十分に認められるに至っておらず、しばしば周辺的な取り扱いにとどまっているように思われる。また、研究方法に関しても掘り下げた考察が必ずしも行われているわけではない。こうした研究状況にもかかわらず、今や東アジアのキリスト教は本格的な研究対象としての認知を要求しているというのが、本章の基本的な認識であり、東アジアのキリスト教をいかなる視点から研究するかについて、一つの試論を提示することが、本章の目的である。

　本論に入る前に、本章の具体的な問題設定と方法について、簡単に説明を行っておきたい。まず明らかにしておく必要があるのは、東アジアのキリスト教を一つの研究対象とする意味とその根拠についてである。東アジアのキリスト教の現状を見るならば、その状況は地域や国によってきわめて多様であり、それらを一括して「東アジアのキリスト教」として対象化することは非常に困難であるとの印象を受けるであろう。この現在の多様性にもかかわらず、本章において「東アジアのキリスト教」を取りあげるのは、以下の根拠に基づいている。確かに、現状のキリスト教のあり方はきわめて多様であるものの、19世紀半ば以降のプロテスタント諸教派による宣教の実態を見るとき、宣教師の間においては、東アジア（中国、朝鮮半島、日本）を一つ

の伝道圏として捉えることが一つの共通了解として存在していたことがわかる⁽²⁾。つまり、この地域のキリスト教宣教は歴史的に見て、決して別々に展開されてきたわけではなく、むしろ歴史的な相互連関の内にあったのである。現状の多様性は、こうした歴史的な相互連関に基づいて説明されねばならない。また、こうした相互連関は、宣教する側だけでなく、宣教される側にも見いだすことができる。一つには、東アジアにおいてキリスト教が宣教され受容されたのが、近代化という共通の文脈においてであったということである⁽³⁾。東アジアの諸地域におけるキリスト教の多様性は、この近代化が辿った多様な形態との関わりで理解できるであろう。さらには、近代化の文脈でキリスト教と出会った東アジアにおいては、かなり同質性の高い宗教文化的な伝統が共通基盤を形成しており、東アジアのキリスト教は、諸地域で相互に類似した問題に直面することになる。それは、宗教的多元性の状況下でキリスト教はいかなるあり方を選択するのか、という問題である。この問題との具体的な取り組みがなされている点で、東アジアのキリスト教は、二一世紀のキリスト教全体にとって重要な意味を持つと言えよう。ここに、東アジアのキリスト教をキリスト教研究の重要なテーマとして位置づける根拠の一つが存在する。

　では、この東アジアのキリスト教というテーマはどのような仕方で具体的に展開可能となるのであろうか。本章では、東アジアのキリスト教を論じるために、「家族」「家」「死者儀礼」という問題を設定し、とくにキリスト教と儒教との相互関係に注目しつつ、日本と韓国を比較することによって、考察を行うことにしたい。まず第二節では、キリスト教における「家族」という問題の位置づけを確認し、その特徴を「家族のメタファー化」という仕方で取り出してみたい。続く第三節では、東アジアの伝統的な宗教文化における「家族」「家」の中心的位置づけを論じ、近代以降における伝統的家の変貌を「家族の危機」と捉えた上で、先の「家族のメタファー化」をこの東アジアの状況に適応することが試みられる。第四節では、東アジアの宗教的多元性の状況下における宗教間対話の意義という観点からそれまでの議論を振り返り、最後の第五節において、議論の全体的まとめと今後の展望が示される。

## 二　キリスト教の家族観

　東アジアに伝播以来、キリスト教は様々な仕方で受け取られてきたが、その際に、「家族観」がキリスト教の特徴の一つとして理解されてきたことは注目に値するように思われる。たとえば、内村鑑三は、「余の従事しつつある社会改良事業」(明治34年12月30日)の中で、次のように述べている[4]。

> 「其の次ぎは家庭問題である。如何にして之を改良せん乎、是れ我国目下の最大問題である、然し家庭は之に善き音楽と文学とを供したればとて改良することの出来るものではない、……文明国二千年の経験として聖き美はしき家庭を作るに方て基督教に優るの勢力はない、儒教は政治家を作り、仏教は哲学者を作るかも知らないが、然し温良なる夫と、常識に富む妻と、従順なる子と勤勉なる僕を作るものにして基督教に優るものはない、日本人は基督教なしに他の事は出来るかも知らぬが、家庭の改良のみには基督教に依らなくてはなるまいと思ふ。」(内村, 1901, 142頁)

　仏教や儒教と対比してキリスト教の特徴を「家庭」という観点から捉えるというこの見方が、内村一個人のものでないことは、「明治初期の家族観の中に西欧の家族思想を導入するのにもっとも影響力のあったものの一つとしてキリスト教を挙げることができる」との指摘の通りである[5]。ここで「西欧の家族思想」と言われるのは、近代的な家族制度を特徴づける一夫一婦制であり、その宗教的基盤としてキリスト教が位置づけられているのである。こうした西欧的な家族制度とキリスト教との関連は、それ自体が大きな研究テーマであると言わねばならないが[6]、この連関がいわば自然に連想され得ることは、聖書が女性の創造を、「人が独りでいるのは良くない。彼に合う助ける者を造ろう。」(創世記2章18節)という意図の下で物語り、「こういうわけで、男は父母を離れて女と結ばれ、二人は一体となる。人と妻は二

人とも裸であったが、恥ずかしがりはしなかった。」(24-25節)と締めくくっていることからも十分に理解可能であろう——なお、本書での聖書引用は、『聖書　新共同訳』日本聖書協会、による——。

　では、東アジアの側からキリスト教を特徴づけるものとして受け取られてきたキリスト教の「家族観」は、そもそもいかなる内実を有しているのであろうか。その際に注目する必要があるのは、創世記の人間創造の物語と西欧近代の一夫一婦制との類似にもかかわらず、古代イスラエルの家族制度自体は、近代的な一夫一婦制ではなく、家父長を中心とした大家族制（アブラハム物語ではさらに一夫多妻制）であったという点である。この家父長的大家族は、氏族、部族、部族連合から民族にいたるイスラエル共同体の社会構造の基礎をなしていると同時に、古代の地中海世界や、さらには東アジアを含めた広範な地域における社会構造と比較可能なものであって[7]、キリスト教の家族観は、こうした古代イスラエルの家族制度を背景にして理解することが必要である。この点を論じるための第一の手掛かりは、キリスト教（正確にはイエスの宗教運動）が、こうした伝統的な家族制度に対して、どのような立場を取っているのかという問題である。ここでは、「家族」をめぐるイエスの発言から、キリスト教の家族観の特徴を取り出してみよう。

① 「わたしが来たのは地上に平和をもたらすためだ、と思ってはならない。平和ではなく、剣をもたらすために来たのだ。わたしは敵対させるために来たからである。人をその父に、娘を母に、嫁をしゅうとめに。こうして、自分の家族の者が敵となる。わたしよりも父や母を愛する者は、わたしにふさわしくない。わたしよりも息子や娘を愛する者も、わたしにはふさわしくない。」（マタイ10章34-37節）

② 「さて、イエスの十字架のそばには、イエスの母と、母の姉妹と、クロパの妻マリヤと、マグダラのマリヤとが、たたずんでいた。イエスは、その母と愛弟子とがそばに立っているのをごらんになって、母にいわれた、『婦人よ、ごらんなさい。これはあなたの子です』。それからこの弟子に言われた、『ごらんなさい。これはあなたの母です』。そのとき以来、

この弟子はイエスの母を自分の家に引きとった。」(ヨハネ 19 章 25-27 節)
③「ごらんなさい、ここにわたしの母、わたしの兄弟がいる。神のみこころを行う者はだれでも、わたしの兄弟、また姉妹、また母なのである。」(マルコ 3 章 34-35 節)

　イエスの宗教運動と伝統的な家族共同体との対立は、現代の新宗教運動にも見られる普遍的な問題を含んでいるが、イエスの宗教運動における家族観の基本にあるのは、①のテキストにあるような家族批判である。この点に関して、クロッサンは次のように指摘している[8]。「最終的に最後のアフォリズムにおいて、イエスの家族に対する攻撃の論点はきわめて明瞭になっている。5 人のメンバーからなる標準的な地中海的家族、つまり母と父、妻をもった既婚の息子と未婚の娘という拡大核家族全員が一つ屋根の下で生活していることを想像いただきたい。イエスは、自分はこの家族を引き裂くと述べているのである。……この攻撃は信仰に関わっているのではなく、権力に関わっている。攻撃は父母を息子、娘、嫁の上に置く地中海的家族の権力軸に加えられているのである」(Crossan, 1994, 59-60)。確かに、イエスの家族批判が伝統的な家父長的大家族内部における抑圧構造(権力軸)に向けられていたことは疑いもない[9]。したがって、イエスの宗教運動と家族共同体との間に様々な軋轢が生じたこと、そしてそれがイエス自身の家族において顕在化したことは、当然の帰結と言えよう。しかし、問題はイエスの宗教運動における家族についての言説(家族観)が、以上の家族批判でくみ尽くされるのか、という点である。この観点から、先に引用した②と③を見るとき、そこにさらなる議論の展開が確認できるように思われる。つまり、イエスの家族批判は、あらゆる意味における「家族」の無意味化や否定に終わっているのではなく、むしろ意味転換を経た「家族」の肯定に至っているのである。確かに、②と③において述べられた「子と母」「兄弟、姉妹、母」は、血縁関係における通常の意味での家族ではない。しかし、イエスという存在者を介して「神のみこころを行う」という点から構築された人間関係が、まさに「子

と母」「兄弟、姉妹、母」として、つまり「家族」として表現されているのである。おそらく、「家族」をめぐるこの一連のプロセスの中にキリスト教における家族観の特徴を見いだすことができるのではないだろうか。本章では、テキスト①とテキスト②・③との間に見られる「家族」の意味転換プロセスを「家族のメタファー化」と表現することにしたい。これは、「批判（否定）→転換→拡張（肯定）」という意味の運動であり、家族の存立に関する、自然的関係基盤（＝血のきずな）から精神的関係基盤（＝神のみこころ）への移行と解釈することができる。キリスト教の家族観においては、このようなメタファー化を経た上で、血縁関係における家族も再度肯定され、再建されるのである[10]。この意味転換の歴史的展開の上に、キリスト教的精神基盤における西欧的な一夫一婦制の成立も位置づけられねばならないであろう。

## 三　東アジアの宗教的伝統と家族

　第二節において確認したキリスト教における「家族のメタファー化」は、東アジアの文脈においてどのような意味を有しているであろうか。本章、とくにこの第三節の論点は、伝統的大家族の意味における「家族」のメタファー化が、東アジアにおけるキリスト教の受容にとって決定的な意味を有しているということである。この点を明らかにするには、まず、東アジアの宗教文化の特質を、家族あるいは家を核として成立した宗教、つまり、「家の宗教」という点から論じておく必要がある。

　ここで家の宗教として具体的に念頭にあるのは儒教であるが、以下、基本的なポイントを確認しておきたい。まず、家の宗教という場合の「家」とは、現在生きている夫婦とその子供から構成される近代的な核家族ではなく、家父長的な大家族の広がりをもって、しかも過去の諸世代（先祖）を含んだものとして存在している。儒教宗教説で知られる加地伸行は[11]、道徳としての儒教と宗教としての儒教を統合し、宗教としての儒教の核心をなす「孝」について、次のように述べている。すなわち、「孝とは、生命の連続を自覚することである。そこから親子の断ち切れない深い関わりが生じる。儒教文化圏

には、仮に個人の自立はあっても、個人の独立という思想はない。個人ではなく個体がある。その個体は、家族とともにある。家族の中にある」（加地、1994、193）、「われわれは個人主義の意識ではなく、〈家族の中の個体〉という意識である。〈集団の中の個体〉という意識である。その個体の帰属する家族や集団に対する期待が強く、とりわけ家族は血の連続を前提としているので、神聖視する。それが、日本の家族を安定させているのである」（同書、244）。以上を念頭に置きながら、本章では、「家」とは現在の世代を超えた生命の連続的な共同体として意識されるものと考えることにしたい。

　次に、こうした家と儒教との関わりであるが、この家は人間社会の基本的単位であり、儒教はこの家の宗教的祭祀として位置づけられる。より厳密に言えば、たとえば近世中国では、「同一祖先から生まれてきた血族とその配偶者を包む一族」としての「宗族」——これに対して、「家族というのは、同居していて、財産を共同で使う人々のことである」（同書、142）——の長（宗子）が、祖先の祭祀の責任者となるのであって、「大まかに言って宗族が深く関わるのは祭であり、冠・婚・喪は家族（一戸だけではなく、或る分家グループとして）が関わる」（ibid., 143頁）のである。もちろん、儒教は、儒教非宗教説の主張からも明らかなように、「家」の宗教儀礼という側面だけでなく、道徳思想あるいは政治哲学という側面をも有しており、また東アジアが儒教文化圏であると言う場合でも、地域によって、時代によって儒教の存在形態は多様である[12]。韓国において、儒教は宗教として明確に意識され得るのに対して、日本では、宗教として意識されることは比較的少ないのではないだろうか。しかし、確認すべきは、東アジアにおける儒教の存在は家の宗教というレベルから、道徳、政治哲学というレベルまでを包括するものとして存在していること、つまり、儒教は多層的で複合的なシステムとして理解できることである。

　こうした儒教における宗教と家・家族との関係は、東アジアに限定されたものではなく、世界の多くの諸地域の伝統的社会において、少なくとも、古代イスラエルにおいても共通に見られる特徴と言えるであろう。なぜなら、家族あるいは家は、人間社会において、もっとも普遍的で基礎的な関係性だ

からである。

　しかし、こうした家の宗教としての儒教が伝統に根ざしている東アジアにおいても、近代化の過程において、その家制度は急激な変貌を遂げて現在に至っている。キリスト教（とくにプロテスタント諸教派）が東アジアに布教されるのが東アジアにおける近代化という歴史的文脈においてであったことを考えれば、キリスト教受容が、この社会の近代化あるいは家制度の変貌という事態と密接な関わりを持つことは、十分に予想できるであろう。

　では、近現代の歴史的展開は、東アジアに何をもたらしたのであろうか。東アジアの近代化は、遅れた近代化、上からの近代化として推進されざるを得なかったために、それは社会システムの急激な変容と伝統の解体という形態を取ることになる。この近代化の影響は、家や家族にも当てはまる。2001年に刊行された『アジア・キリスト教辞典』の「家族」（family）の項目では、アジア的家族の特徴について、「近年、多くのアジアの国々は、西洋文化とアジア文化を区別しようとしてきた。その主要な論点は、しっかりと結合された家族がアジア社会の基礎的な構成要素であるということであった」、アジアの「拡大家族は家父長的で、父方居住的で、大規模である」と述べられた上で、「アジア社会の変化」とそれに伴う家族問題の諸動向が指摘されている[13]。つまり、近代化は、人口の都市への移動（都市化）、女性の教育水準の向上、個人主義の浸透などを引き起こしつつ、伝統的な「家」を近代的な核家族へと急激に変化させつつある。さらに、近年、こうした諸動向に高齢化が加わることによって、問題はさらに深刻化してきている[14]。こうした近現代以降の家族をめぐる状況の変化は、現代の東アジアにおける「家族の危機」と解することができるであろう。そして、これは同時に伝統的宗教の危機を意味している。なぜなら、東アジアの宗教的伝統は、「家」をその存立基盤としてきたからである。

　東アジアにおけるキリスト教の受容は、この危機の展開過程と同時並行的に進められた。日本の明治期のキリスト教（とくにプロテスタント的キリスト教）は、内村鑑三らの思想において確認できるように近代化の過程に比較的親和的であって、東アジア的な伝統的家が近代的な核家族へ変化するプロ

セスに、自らの家族観の核心である「家族のメタファー化」のプロセスを合致させ、家族制度の近代化に適合することが一定程度可能であった。しかし、それは、キリスト教が近代化に伴う家族の危機に対して真に答えることが困難であった、ということを同時に意味しているように思われる。というのも、社会の近代化と同じ方向性を持つことは、近代化のプロセス自体に同化され、それに飲み込まれるという危険性を伴うからである。キリスト教的な「家族のメタファー化」が、東アジアにおける家族の危機に対して、家族の再生を可能にするような積極的な可能性をいかにして提示できるのかは、東アジアのキリスト教の今後の課題として残されているのである。

以上の近代化、家族、キリスト教をめぐる錯綜した問題状況は、葬儀や墓の問題の内に明確に確認できる——詳細は次章を参照——[15]。墓や死者儀礼は、キリスト教と近代化、そしてキリスト教と伝統的宗教とが相互にぶつかり合う領域であり、近代以降の宗教的多元性の問題は、ここに集約的に現われている。たとえば、近代化と宗教的多元性が交差するところにおいては、墓や葬儀の主体は誰であるのかが問題となる。つまり、近代化の過程で核家族化と個人主義が進展する中で、墓や葬儀に関する事項を決定するのは、家なのか、個人なのかという問題が発生する[16]。葬儀を儒教式で行うのか、仏教式あるいはキリスト教式で行うのか、また自然葬を選択するのか、あるいはほかの仕方を選択するのか、ということは、個人の自由選択の事柄なのか、家の決定の事柄なのか。さらに、これに宗教的多元性が絡むとき、個人の宗教的信念と家の宗教との間の不一致が顕在化し、結果として、個人の宗教的信念に反した葬儀が行われるという事態もしばしば生じざるをえない。

このように、東アジアにおけるキリスト教の受容のあり方にとって、家族、家、死者儀礼という問題は、決定的な意味を有しているのである。これを、先の家族のメタファー化という観点から見るならば、東アジアにおけるキリスト教の直面する問題は次のように整理できるであろう。

① 東アジアのキリスト教は、先祖供養を含めた儒教的な死者儀礼をいかなる仕方でキリスト教的に意味転換し受容するのか（あるいは、それを拒否するのか）。

②核家族化とそこに生じた危機的状況の中で、キリスト教は家族共同体に新しい精神的基盤を与え得るのか（あるいは、その危機に埋没するのか）。

以上のように、東アジアにおけるキリスト教の受容（土着化）は、家族のメタファー化として、また近代化の文脈における儒教的伝統との相互交流を通した新しい伝統形成という観点から論じられねばならない。

## 四　東アジアにおける宗教間対話の意義

　これまで、本章では、東アジアにおけるキリスト教の可能性を、近代化の文脈における儒教的伝統の関わりという観点から、家族に焦点を合わせて論じてきた。東アジアにおいてキリスト教が果たすべき課題は、まさに近代化が引き起こした家族の危機という問題状況の中に存在しているのであるが、これは別の角度から見るならば、東アジアにおける宗教間対話の問題として論じることができるであろう。以下、東アジアの宗教的多元性の状況下における宗教間対話について、オウ・ジェンミン（Au Kin Ming）の最近の著書『パウル・ティリッヒと朱子』を参照しつつ、考察を行ってみたい[17]。

　まず、オウは、東アジアに共通する宗教文化的伝統として儒教を位置づけ、その上で、東アジアのキリスト教が直面する問題を、宗教的多元性の状況下での宗教間対話として論じている。

　こうした問題設定は、本章と共通したものであるが、オウは著書の冒頭で次のように述べている。

> 「東アジアのキリスト教徒は、韓国人であろうと、日本人であろうと、ベトナム人であろうと、中国人であろうと、儒教文化の中に組み込まれている。東アジアは多様性を内包した地域であるが、東アジアの国々は、古典文化の観点から言えば、多くの共通性を持っている。それには、共通に受け入れられた諸テキストの規範として儒教思想が展開するのを可能にした独特の手段が含まれている。儒教にとって、家族、教育体制、そして国家官僚試験制度は、伝統的な伝承の三つの伝達点となってきた。

それらは東アジアにおける社会の特質である。」(Au, 2002, 1-2)

　このような東アジアにおける共通の宗教文化的基盤としての儒教の位置づけに関しては、本章でもすでに論じたとおりであるが、オウは、この伝統を支えているいわば制度的基盤の一つとして、「家」を捉えており、これは重要な指摘と思われる。こうした伝統的な宗教文化の中で自らのアイデンティティを確立した人間がキリスト教を信仰する場合に、「二重国籍」(dual citizenship)――「家」の一員としての儒教徒と自らの信仰としてのキリスト教徒という二重性――というべき問題状況が発生することになる[18]。つまり、東アジアにおいてキリスト教徒となり、キリスト教徒として生きるということは、「キリスト教徒であると同時に儒教徒である」という課題に、自覚的あるいは非自覚的に直面することを意味するのである。

　　「東アジアのキリスト教徒は日々、いかに自らの社会的な文脈の内でキリスト教徒としての生活を送るかという問いに直面する。言い換えれば、彼らは儒教徒である同時にキリスト教徒であり得るかどうかという問いに直面しつつあるのだ。」(ibid., p.243)

　この二重国籍がどのように意識化されるかは、個々人のときどきの状況によって様々であるが、こうした問題状況が潜在的に常に存在していること、またとくに冠婚葬祭などの「家」の宗教的儀礼において顕在化することは、本章第三節の議論から明らかであろう。オウはこうした東アジアのキリスト教の状況を、宗教間対話の問題として位置づけている。

　　「明らかに、儒教とキリスト教の対話は、現代の宗教間対話の一部なのである。この点から見て、現代の宗教間対話の課題は儒教とキリスト教の対話の課題でもある。……宗教間対話が急速に発展しつつあるのは、宗教的多元性にその理由がある。宗教的多元性の問題は、我々が日々直面しつつある主要な課題の一つなのである」(ibid. p.237)

宗教間対話へ考察を進めるために、オウは具体的な議論の場を、キリスト教神学者ティリッヒと儒教学者朱子との比較思想研究として設定し、ティリッヒと朱子それぞれについての分析と両者の比較を行っている。ここでは、その要点のみを示しておこう。

　オウが、ティリッヒと朱子との比較を行う際に注目するのは、両者の思想体系における人間理解である。ティリッヒは、1950年代の『組織神学』において事物存在とは異なる人間存在独自のあり方として「自己－世界」（self-world）という存在論的構造を取りあげているが[19]、オウによれば、それと同様の人間理解は朱子にも存在しており（性－理気）、それは、本質・統一から実存・疎外を経て再統合・本質化に向かう、動的なプロセスとして具体化される。オウは、ティリッヒと朱子を比較するための基本的カテゴリーとして[20]、統一（Unity）、活動性（Activity）、再統合（Reunification）の三つを設定し、これらに即して、ティリッヒと朱子の思想体系を分析する。そのポイントは、人間存在はその存在論的な統一構造を基盤にすることによって存立しているにもかかわらず、歴史的現実の活動性においてはその統一性から離れ分裂状況に陥っており、それゆえ、この分裂の解決を求めて自らの全体的現実の再統合に向かわざるを得ない、ということである（ibid., pp.175-178）。そして、キリスト教と儒教における再統合（キリスト教では聖化、儒教では人間化）を具体的に比較するために取り上げられるのが、愛と仁というそれぞれの宗教における中心的概念なのである（ibid., pp.217-234）。

　すでに指摘したように、以上のオウの議論は、東アジアの宗教的多元性の状況におけるキリスト教と儒教の対話という問題意識に基づいて展開されているのであるが、オウは宗教間対話の意義（何のための対話なのか）に関して、ハンス・キュンク[21]の提唱する「グローバルな倫理」などを参照しつつ、宗教間対話を「グローバルな共同体」（諸文化の共同体）の問題として捉えるという視点を提示する。

　「諸宗教間の相違を認識するならば、我々はある程度、自らの宗教と並ぶ

他の諸宗教の可能な価値をも肯定しなければならないであろう。宗教間対話において、異なった諸宗教はお互いの間で価値ある内容を共有し合わなければならない。結果的に、真性の実りある宗教間対話は、グローバルな共同体の確立に寄与するであろう。」(ibid., p.237)
「確かに、儒教とキリスト教は徹底的に異なった宗教である。それにもかかわらず、両者はまた相違の内に類似性をも持っている[22]。……これらの類似性のゆえに、儒教とキリスト教は相互に排他的ではないのである。むしろ、東アジアのキリスト教徒は、彼らが常に統合と変革の過程の内にあるという意味で、儒教徒であると同時にキリスト教徒なのである。」(ibid., p.244)

多様な共同体や文化集団が、対話を通してグローバルな共同体を確立するには、それに関与する共同体内の文化集団の各々が、相互に尊重し合うだけでなく、「価値、規範、態度についての最小限の基本的合意」や「共通の基本的関心」といった積極的な事柄について一致していることが必要になる。それは、対立を回避するだけでなく、共に生きる共同社会の再建に向けて責任を負い合うために不可欠の条件なのである。このグローバルな共同体の確立にとって、宗教が「諸文化の共同体を構築するための根本的な要素」として重要な位置を占めていることについて、オウは次のように述べている[23]。

「グローバルな倫理は宗教と密接に関係している。というのも、宗教は我々の価値や態度を基礎づける規範と見なし得るからである。現実には、宗教自体が文化的存在であり、世界と究極的事柄に対して、公的また私的な祭儀的、神話的、哲学的、そして実践的で精神的な意味を提供するのである。」(ibid. p.238)

こうした宗教間対話とグローバルな共同体確立との間の積極的な関係づけは、宗教的多元性の下における宗教間対話の意味を考える上で、重要な指摘であると言えよう。本章では、先に東アジアの近代化以降に生じた「家族の危

機」の状況下で、キリスト教の家族観を特徴づける「家族のメタファー化」をどのように具体化するかが、東アジアのキリスト教にとって決定的な意味を持つと指摘したが、これは、グローバルな共同体に対する宗教間対話の意義というオウの主張と関係づけることができるであろう。なぜなら、東アジアの宗教的多元性の状況における家族や家をめぐるキリスト教的な「家族のメタファー化」の遂行は、近代化が引き起こした諸問題を宗教間対話を通して積極的乗り越える試みの一つの具体例に他ならないからである。オウ自身が宗教間対話を近代化の諸問題への積極的応答と理解していることは、以下の議論において確認できる。

　オウは、このグローバルな共同体を発展させるための精神的源泉として次の三つのものを指摘する（ibid.,p.239）。すなわち、近代西洋の倫理的宗教的な諸伝統（ギリシャ哲学、ユダヤ教とキリスト教）、非西洋的な基軸時代の諸文明（ヒンドゥー教、ジャイナ教、南アジアと東南アジアの仏教、東アジアの儒教と道教、世界的規模のイスラーム）、原初的な諸伝統（アメリカ先住民やハワイやマオリなどの無数の部族的で先住民族的な宗教的伝統）である。近代化は、これらの精神的な諸源泉の中でも、第一の源泉から由来するが、その中心に位置するのは啓蒙主義的なイデオロギーであって、近代化が引き起こした諸問題に取り組む場合、視野に入れておかねばならないものは、まさにこの啓蒙主義なのである。啓蒙主義に関して、オウは次のように指摘している。

　　「啓蒙主義的精神性の意図されざる悲惨な結果は、露骨な人間中心主義である」が、「我々が未だ保有し続けている啓蒙主義的精神性は、グローバルな共同体のエキュメニカルな意味を発展させるために、豊かにし、変革し、再構築することができる。」(ibid., p.239)

　すなわち、宗教間対話に関して要求されるのは、グローバルな共同体の形成に向けて、近代の啓蒙主義的精神性を、「拡張し」、「深め」、「変革する」ことなのである。東アジアにおける「家族のメタファー化」は、こうした近

代化の拡張、深化、変革の試み（＝近代化の諸問題への積極的応答）として遂行されねばならない。これは、次にオウが述べるような意味において、東アジアにおける新しい宗教文化の構築の可能性を開くものとなるかもしれない。

「東アジアのキリスト教徒の生活の内における対話を通して、儒教とキリスト教との相違は統合へともたらされ、その結果、新しい言語と新しい精神性を、また東アジアの教会のための新しい思想体系までも発展させるかもしれない。」(ibid., p.244)

　我々は、こうした動向が単に可能性のレベルの問題であるにとどまらず、たとえば、現代中国におけるキリスト教と儒教との相互交流の動きの中にその萌芽が確認できる点に注目しなければならないであろう[24]。また、東アジアの近代化のもとでの家族の危機への対応は、諸宗教が宗教間対話において相互に取り組むべき共通課題であるだけでなく、オウも指摘するように、これが東アジアの地域を超えたより普遍的な意味を有する点も忘れてはならない。なぜなら、「真性のキリスト教徒であるための苦闘は、東アジアのキリスト教徒の課題であるだけでなく、西洋のキリスト教徒の課題でもある。アメリカ人あるいはヨーロッパ人であることは、その人が自発的に真性のキリスト教徒であることを意味しない」(ibid., p.243)、からである。東アジアの宗教的多元性の状況下でなされる「真のキリスト教徒になる」実験は、同様の課題を共有する現代世界のキリスト教にとって、さらには宗教的多元性のもとにある諸宗教にとって、共有可能な意義を有していると言えよう。これが、現代の多元的世界において宗教間対話を論じ実践する意味なのである。

## 五　まとめ

　本章では、東アジアのキリスト教を一つの研究対象として捉えるという問

題意識に立って、家族や家という観点からキリスト教と東アジアの宗教的伝統について考察が行われ、最終的に宗教的多元性のもとにおける宗教間対話の意義へと論が進められた。その主要な論点は次のようになる。
1　キリスト教と東アジアの宗教文化との双方から見て、家族や家は宗教的に中心的な位置を占めている。東アジアのキリスト教を家や家族という視点から具体的に考察することは、この地域のキリスト教研究にとって重要な問題設定である。
2　キリスト教と東アジアの伝統との積極的関わりを考えるとき、それは、キリスト教的な「家族のメタファー化」の問題として、すなわち、東アジアの近代化がもたらした家族の危機に対して、家族をいかに再生するのかという問題として、捉えることができる。
3　家族のメタファー化の遂行における家族の再生が、宗教的多元性の下における宗教間対話（とくに、キリスト教と儒教との対話）の一つの具体化として理解されるとき、宗教間対話が共同体の再建（オウの言うグローバルな共同体の確立）に対して有する意義は明瞭である。
4　東アジアのキリスト教の問題は、この地域にとってのみならず、宗教的多元化が進行しつつある現代世界全体にとっても、重要な意義を有している。

最後に、今後の研究を展望することによって、本章を締めくくることにしたい。まず指摘したいのは、東アジアのキリスト教を厳密に論じる前提として、東アジアの宗教文化の基本構造についてのより精密な分析が必要であるという点である。オウは、東アジアの宗教的伝統の共通性を儒教として捉えている。その基本的な構想は理解できるとしても、儒教非宗教論の議論からも明らかなように、東アジアの宗教文化において儒教とはいかなる位置を占めているのかについては、さらなる詳細な分析が必要であり、それなしには、儒教とキリスト教の対話といっても表面的な比較研究のレベルを超えることはできないであろう。そもそも、キリスト教と対話するという場合の主体は、儒教のどこに求め得るのであろうか。この点については、中国、韓国、日本という地域的な相違が問題になる。いずれにせよ、東アジアのキリスト教を

研究するには、その方法論的な基礎をめぐるさらに立ち入った議論が必要となるであろう。

　また、東アジアのキリスト教についての研究は、宗教的多元性を前提としたキリスト教思想の構築という課題に対して、その具体的な視点を提供するものである。本章の冒頭においては、東アジア・キリスト教の研究は、いまだキリスト教研究において周辺的な位置が与えられているに過ぎないという現状を指摘した。もし、東アジアのキリスト教が、本格的な研究対象になり得るとするならば、そのためには、東アジア・キリスト教の研究を宗教的多元性という状況下における新しいキリスト教形成という問題との連関で具体化することが不可欠の前提条件となるであろう。

## 注

(1) 日本キリスト教史に関してはすでに多くの研究文献が存在するが、幕末と明治のキリスト教最初期の形態からその後の展開を扱った研究として、次の文献を参照いただきたい。
　　高橋昌郎『明治のキリスト教』吉川弘文館。2003 年。
(2) これについては、たとえば 1890 年に韓国伝道に関する基本方針を協議したネヴィウス会議を実例として挙げることができる。この点については、次の拙論を参照。
　　芦名定道「キリスト教と東アジアの近代化」、亜細亜大学アジア研究所『アジア研究所紀要』第 25 号、1999 年、155-156 頁。
　　なお、中国伝道を通じて形成された「ネヴィウス方式」が初期の韓国宣教方針として導入され、現代に至るまで影響を及ぼしている点については、櫻井義秀「ある韓国系教会のカルト化──聖神中央教会を事例として」(李元範・櫻井義秀編『越境する日韓宗教文化──韓国の日系新宗教　日本の韓流キリスト教』北海道大学出版会、2011 年、405 頁)、徐正敏『韓国キリスト教史概論──その出会いと葛藤』(かんよう出版、2012 年、21 頁) を参照。
(3) これに関しては、注 2 に挙げた拙論を参照。東アジアへのキリスト教伝播と近代化との関わりについて、柳東植は「キリスト教とからまった韓国の近代史」(柳東植『韓国のキリスト教』東京大学出版会、1987 年、i 頁) と述べているが、モリソンが「中国におけるプロテスタント伝道の開拓者」(吉田寅『中国プロテスタント伝道史研究』汲古書院、1997 年、28 頁) として広東に上陸した 1807 年は、欧米列強の中国進出となる 19 世紀近代の幕開けでもあった。中国キリスト教の歴史については、石川照子ほ

か『はじめての中国キリスト教史』（かんよう出版、2016 年）、特に第二章から第四章を参照。

なお、東アジアの近代化の時間的スケールについては、家族論に関連した落合恵美子の議論を参照。落合は、「第一の近代」（欧米では 19 世紀を中心として。近代家族の成立）と「第二の近代」（1970 年代以降の社会変化。第二の人口転換、女性の脱主婦化）とを対比した上で、欧米近代に対する日本以外のアジア諸国を「圧縮された近代」として、また両者のいわば中間に位置する日本を「半圧縮近代」として描いている。落合恵美子「アジア近代における親密圏と公共圏の再編成──「圧縮された近代」と「家族主義」」（落合恵美子編『親密圏と公共圏の再編成──アジア近代からの問い』京都大学学術出版会、2013 年、1-38 頁）。

(4) 本章におけるこの内村鑑三の文章は、『内村鑑三選集 6　社会の変革』岩波書店、1990 年、から引用された。

(5) 有地亨「伝統的「いえ」観念と近代的家族観の交錯」、片倉比佐子編『日本家族史論集 6　家族観の変遷』吉川弘文館、2002 年、256 頁。

なお、有地は、東京矯風会による婦人解放や一夫多妻制批判について、『東京朝日新聞』の記事を引用しつつ、「民衆レベルでは、一夫一婦制論や婦人改良論は皮肉にも、キリスト教によって主張され、擁護されればされるだけ、ますます民衆の支持を失うという結果になった」（同書、261）と指摘している。

(6) アリエスの『〈子供〉の誕生──アンシャン・レジーム期の子供と家族生活』（みすず書房、1980）は、現代人が「子供」について抱く意識や感情が、近代以降の歴史的過程において形成されたことを示した古典的な研究であるが、これは一夫一婦制に基づく西欧的な近代的家族が、聖書自体からストレートに現れたものではないことを明らかにしたものと言える。実際、C・S・ルイスの『愛のアレゴリー中世的伝統における研究』（C.S.Lewis, *The Allegory of Love. A Study in Medieval Tradition*, Oxford Unibersity Press, 1936）などにおいて示されているように、キリスト教中世において、愛（恋愛）と家族（結婚）とは別物であり、一夫一婦制における夫婦間の愛に基づいた家族という観念を古代あるいは中世に単純に持ち込むことはできない。しかし、それにも関わらず、「キリスト教の見解によると、結婚、しかも一夫一婦制の結婚は、家族の共　同体にとって基本的なものである」（Wolfhart Pannnenberg, *Grundlagen der Ethik. Philosophisch-theologische Perspektiven*, Vandenhoeck 1996, S.126）という考えは、キリスト教倫理において一般に共有された見解なのではないだろうか。パネンベルクは、『人間学』において、人間存在を包括的な議論の枠組みにおいて、キリスト教的な家族論を論じているが（Wolfhart Pannnenberg, *Anthropologie in theologischer Perspektive*, 1983, S.415-431.（W．パネンベルク『人間学──神学的考察』教文館、2008 年、545-559 頁。）、家族をめぐる問題状況の概観としては、Adrian Thatcher, *God, Sex, and Gender. An Intriduction*, Blackwell,2011. などが参照できる。

(7) 古代イスラエルの社会構造（家族・親族・氏族・部族の問題を含む）がいかなる社会モデルによって理解されるべきかについては、ウェーバーの「誓約共同体」（東地中海的な共同体類型）として古代イスラエル社会を捉える議論や、あるいはまたデュルケムの「分節社会」「分節リニージ組織からなる社会」（アフリカなどの部族社会の親族構造）の概念を初期イスラエル社会に適用する研究など、様々な学説が展開されている。こうした社会学的あるいは人類学的な視点からの研究状況に関しては、次の文献を参照。

 水野茂洋「古代イスラエルの社会構造」、月本昭男・小林稔編『現代聖書講座第1巻 聖書の風土・歴史・社会』日本基督教団出版局、1996年、121-148頁。

なお、次の金子論文は東アジアの家族と聖書との関わりを主題的に論じたものであり、本章執筆に際して参照された。

 金子啓一「東アジアの「家父長制」と聖書の使信」、富坂キリスト教センター編『鼓動する東アジアのキリスト教』新教出版社、2001年、98-118頁。

(8) 以下引用されるのは、次のクロッサンの文献である。

 John Dominic Crossan, *Jesus. A Revotutionary Biography*, Haper San Francisco, 1995.（ジョン・ドミニク・クロッサン『イエス──あるユダヤ人貧農の革命的生涯』新教出版社、1998年。）

なお、イエスの宗教運動の反家父長的家族という特性については、次のクロッサンの文献も参照。

 John Dominic Crossan, *The Historical Jesus. The Life of a Mediterranean Jewish Peasant*, Haper San Francisco, 1992, pp.299-302.

(9) イエスの宗教運動と家族との関わりについて、クロッサンは、イエスの宗教運動の放浪（旅）という形態と家族の関わり、つまり、家族がイエスを定住させ、イエス（病人としての子分を癒やす親分）に対する斡旋人として振る舞うことを期待していたという推測を行っている。John Dominic Crossan & Richard G. Watts, Who Is Jesus? Answers to Your Questions about the Historical Jesus, Westminster / John Knox Press, 1996, pp.79-80.（ジョン・ドミニク・クロッサン『イエスとは誰か──史的イエスに関する疑問に答える』 新教出版社、2013年、104-106頁。）

(10) 聖書の諸文書における「家族のメタファー化」の展開については、イエスの宗教運動から、二次的パウロ書簡に分類されるエフェソの信徒への手紙における「神の家族」（エフェソ2章19節）まで辿ることができる。この「神の家族」において、家族のメタファー化は、全人類を包括するまで拡張されている。なお、同じメタファー化のプロセスは、「民族」概念についても適用できるであろう。

以上におけるメタファー概念とその背景にある1970年以降のメタファー論の展開については、芦名定道「キリスト教思想と宗教言語──象徴・隠喩・テキスト」（京都大学キリスト教学研究室『キリスト教学研究室紀要』第3号、2015年、1-18頁）を参

照。
(11) 以下の引用は、加地伸行『沈黙の宗教－儒教』筑摩書房、1994年、から行われる。
(12) 以上紹介してきた加地の儒教宗教説に対しては、中国思想・儒教研究において多くの反論（儒教非宗教説）がなされている。こうした論争については、次の池田（1998、16-63）にその要点が整理して示されている。

　池田秀三『自然宗教の力　儒教を中心に』岩波書店、1998年。

　加地は、墓や位牌を例に挙げつつ、儒教を「沈黙の宗教」と呼び、その宗教性を論じているが、これに対して、池田は、儒教宗教説にも一定の言い分があることを認めつつも、「当人が儒教と思っていないのなら、それは儒教ではないのだ」（同書、127頁）と主張する。これは、基本的に多層的で複合的なシステムである儒教をいかに理解するかという問題だけでなく、そもそも宗教をいかに概念規定するのかという問題に関わっている。私見では、おそらく、宗教を機能的に規定することによって、儒教の宗教性についても、十分な議論が可能になるように思われる。現代宗教学における宗教の概念規定に関しては、次の拙論を参照。

　芦名定道『ティリッヒと現代宗教論』北樹出版、1994年。
　また最近の議論としては、次の文献が挙げられる。

　Yong Chen, *Confucianism as Religion. Controversies and Consequences*, Brill, 2013.
　Anna Sun, *Confucianism as a World Religion. Contested Histories and Contemporary Realities*, Princeton University Press, 2013.

　なお、儒教が宗教であるか否かの争点の一つである儒家の鬼神説に関して、日本近世の思想史において、すでに伊藤仁斎（無鬼論的言説）と荻生徂徠（有鬼論的言説）が対照的な解釈を行っていたことについては、子安宣邦『鬼神論　神の祭祀のディスクール』白澤社・現代書院、2002年、を参照。

　さらに、儒教文化圏や漢字文化圏といった問題設定に対しては、これまで多くの批判がなされてきたことを指摘しなければならない。この場合、国や地域における儒教受容の多様性が批判の論拠とされるわけであるが、その点をふまえて、「東アジア思想史」の可能性を論じたものとして、中村春作「「国民」形象化と儒教表象」、藤田正勝他編『東アジアと哲学』ナカニシヤ出版、2003年、は興味深い。なお、儒教文化圏やそれに類した東アジア文化の統一的理解を試みるに際しては、宗教文化を視野に入れることが不可欠の要件であるように思われる。

(13) Robert Solomon, Article "Family", in: Scott W. Sunquist（ed.）, *A Dictionary of ASIAN CHRISTIANITY*, Eerdmans Publishing Company, 2001, pp.279R-281L.
　また、東アジアの家族制度を論じる場合、「家父長制」という用語の意味内容が問題となるが、「家父長制」の概念規定をめぐる問題点については、フェミニズムの諸理論との関連から、家父長制概念の再構築を目指している次の文献を参照いただきたい。

　瀬地山角『東アジアの家父長制－ジェンダーの比較社会学』勁草書房、1996年。

とくに、この文献の第一章「家父長制とは何か」は家父長制概念をめぐる問題点の整理として優れており、本章にとってもきわめて示唆的であった（同様の議論は、論の後半と注において細かな差異はあるものの、同氏の次の論文でも参照できる。「家父長制をめぐって」（佐々木潤之介編『日本家族史論集1　家族史の方法』吉川弘文館、2002年、178-219頁、論文初出は1990年）。

(14) 高齢化が家族・家との関わりで問題化しつつあることは、最近の中国都市部における一人っ子政策の緩和という政策的な方向転換の中にも現れており、日本や韓国のみならず、東アジアの共通問題となりつつある。とくに、日本の場合、家族・家と宗教との相関関係は、新宗教研究より、多くの事例を挙げることができるであろう。次の文献は、創価学会、立正佼成会、霊友会、生長の家、ＰＬ教団などの新宗教と、実践倫理宏正会などの修養団体とに共通する特徴を、伝統的な家族・家の危機に対応した家族倫理の再建という点から論じている。

　　沼田健哉『現代日本の新宗教　情報化社会における神々の再生』創元社、1988年。
　　いのうえせつこ『主婦を魅了する新宗教』谷沢書房、1988年。
　　いのうえせつこ『新興宗教ブームと女性』新評論、1993年。
　　なお、日本のキリスト教会における高齢化の問題については、次の文献を参照。
　　山下勝弘『超高齢社会とキリスト教会』キリスト新聞社、1997年。

(15) キリスト教において、家族・家と墓（死者儀礼）とが密接に関連していることについては、聖書テキストからも確認できる。次のマタイ福音書とルカ福音書からの引用箇所は、いわゆるＱ文書—マックによれば、この部分は新約聖書全体においても最古層であるＱ1に属する—に由来するものであるが、マタイとルカに共通の「父の葬り」は、ルカでは「家族へのいとまごい」と結びつけられている。

　① 「ほかに、弟子の一人がイエスに、『主よ、まず、父を葬りに行かせてください』と言った。イエスは言われた。『わたしに従いなさい。死んでいる者たちに、自分たちの死者を葬らせなさい。』」（マタイ8章21-22節）
　② 「主よ、まず、父を葬りに行かせてください」（ルカ九章五九節）、「主よ、あなたに従います。しかし、まず家族にいとまごいに行かせてください」、「鋤に手をかけてから後ろを顧みる者は、神の国にふさわしくない」（ルカ9章61-62節）

　　Burton L. Mack, *The Lost Gosepel: The Book of Q & Christian Origins,* Haper San Francisco, 1993.

　　日本のキリスト教における死者儀礼の問題については、以下の研究を参照。
　　デヴィッド・リード「日本のキリスト教信者の祖先関係」、『神学——キリスト教倫理の諸問題』51号、東京学大学神学会、1989年。
　　櫻井圀郎「葬送法の諸問題（一）」、『東京基督教大学紀要　キリスト教と世界』第11号、2001年。
　　川又俊則「キリスト教受容の現代的課題—死者儀礼、とくに墓地を中心に—」、『宗

教研究』326号、日本宗教学会、2001年。
(16) この問題がもっとも先鋭化するのは、「脳死—臓器移植」問題においてである。脳死者における臓器提供の意志の有無（ドナー登録）と家族・親族の意向が一致しない場合、誰がどんな基準に基づいていかなる決定を下すのかという問題が発生する（この問題は日本の臓器移植をめぐる論議においても十分な解決がなされているわけではない）。こうした問題を論じるには、おそらく個人と共同体の関係性を再考することが必要となるであろう。その点で、儒教的家族倫理については、先祖供養という仕方において現在の世代の過去の世代に対する責任性を具体化していると解釈することが可能であり、反対に、環境倫理では未来の世代に対する現在の世代の責任性が問題化している。個と共同体の問題は、過去－現在－未来という時間軸（世代間）における精密な議論の再構築を要求していると言えよう。
(17) Kin Ming Au, *Paul Tillich and Chu Hsi, A Comparison of Their Views of Human Condition*, Peter Lang, 2002.
キリスト教とアジアの諸宗教との比較研究は、現在膨大な数にのぼっている。オウは、アジアの宗教との比較に際して、キリスト教側の思想家としてティリッヒを取りあげているが、いくつかの他の諸研究からもわかるように、これはティリッヒ神学の特性に由来しているように思われる。たとえば、ティリッヒと老子との比較研究として、次の文献が存在する。

Insik Choi, *Die taologische Frage nach Gott, Paul Tillichs philosophischer Gottesbegriff des »Seins-Selbst« und sprachliche Verantwortung des Glaubens in Begegnung mit dem Taogedanken Laotzus*, Peter Lang, 1991.
(18) オウの言う「二重国籍」は、内村鑑三の「二つのJ」との連関において議論することができるであろう。
(19) Paul Tillich, *Systematic Theology. Vol.1*, The University of Chicago Press, 1951, 168-171.
(20) こうしたオウの比較思想研究の方法論については、Au（2002, 171-180）、を参照。
(21) キュンクは、儒教を含む中国宗教とキリスト教との対論（ジュリア・チンが中国宗教を展望し、キュンクがキリスト教の立場から応答する）を試みている。

Hans Küng / Julia Ching, *Christentum und Chinesische Religion*, Piper, 1988.
(22) オウがここで述べる「相違の中の類似性」は、モルトマンが神学的認識論の問題として取りあげているものに他ならない。

Jürgen Moltmann, *Erfahrungen theologischen Denkens. Wege und Formen christlicher Theologie*, Chr.Kaiser, 1999, S.139-165.
(23) ここでオウが行う「宗教概念」の説明は、ティリッヒが「広義の宗教」「深みの次元としての宗教」という仕方で論じているものと一致している。こうした点に関しては、次の拙論を参照。

芦名定道『ティリッヒと現代宗教論』北樹出版社、1994年、71-125頁。
(24)「儒教的キリスト教」を含む現代中国のキリスト教における思想的動向については、次の文献を参照。

　　　Xinghong Yao, Confucian Christ: A Chinese Image of Christianity, in: Werner Ustorf, Toshiko Murayama（eds.）, *Identity and Marginality, Rethinking Christianity in North East Asia*, Peter Lang, 2000, 27-39.

　　　Edmond Tang, The Second Chinese Enlightenment: Intellectuals and Christianity Today, in: ibid., 55-70.

なお、中国キリスト教の歴史的展開に関する最近の議論として、『キリスト教文化』（2015春、かんよう出版社）の特集「中国のキリスト教を考える」に所収の、桐藤薫、倉田明子、渡辺祐子、石川照子、松谷曄介、李恵源、李桓珍の諸氏の論考を挙げることができる。

# 第二章

## 死者儀礼から見た宗教的多元性
―日本と韓国におけるキリスト教の比較研究より―

## 一　はじめに——問題と方法——

　現在の宗教研究において宗教的多元性は様々な視点から論じられている。たとえば、宗教間対立や民族紛争・戦争、あるいは宗教間対話や民族共存・平和といった多元性に伴う諸問題として、またパレスチナやアメリカなどの地域研究として議論され、さらにまた信教の自由や政教分離などの近代市民社会の問題として取り上げられることも少なくない[1]。本章では、宗教的多元性や寛容という問題が、むしろ個々の宗教者の身近な生活においても現れている点に注目することにしたい。それは、死者儀礼—葬儀から埋葬や供養を含む宗教儀礼—の問題である。

　まず、日本のキリスト教における死者儀礼を、宗教的多元性と寛容という観点から考察するという問題設定について、説明することにしよう。法のレベルで見る限り、宗教的寛容が日本社会に存在していること自体は疑いもない。しかし、日本人の宗教生活の場において、宗教的寛容がいかなる仕方で具体的に問題化しているのか、さらには日本社会は本当に寛容か、といった点は、必ずしも自明ではない。宗教生活の場に即して、宗教的寛容の実態を論じることが本章の目的であり、とくに、葬儀や墓といった死者儀礼の文脈に注目することによって宗教的寛容の問題にアプローチしてみたい。というのも、日本のキリスト教を取り巻く状況においては、個人の信仰が死者儀礼に必ずしも反映されていない、しばしば家の宗教が個人の信仰に優先されるという現状が存在するからである[2]。たとえば、葬儀を主催する喪主となっ

たキリスト教徒が、自らの信仰とは相容れないキリスト教以外の形態における死者儀礼を、家族や親族との関わりに基づいて行わざるを得ないということは決して珍しくないからである。キリスト者個人が死に関わる事柄を自己選択できないという事態は、日本社会において宗教的寛容の実態を論じる上で重要なポイントと思われる。同様の事態は、様々な生活の場面において現れるが、次の櫻井が指摘する問題はその典型である。

> 「日本のプロテスタント・キリスト教会においては、その会員数の三分の二を女性信者が占めているといわれており、信者でない夫をもつ女性信者が教会員の多数を構成しているのが現状である。その結果、信者である妻が信者でない夫との関係をどう保つかということが、日本の教会において、重大な問題の一つになっている。」(櫻井、2000、169)

もちろん、「信仰が違う」ことは離婚の法的根拠とはならないが、「仏壇を拝まない」「墓を守らない」「家事をしないで教会に行く」「夫を無視している」などといった理由——「信教の自由にも夫婦として共同生活を営む以上自ずから節度があり、相手方の意見や立場を尊重して夫婦・家族間の関係が円満に行くように努力」すべきである——から、キリスト教徒である妻がもしかしたら「離婚されるのではないか」と不安になることは十分考えられる。法のレベルにおける宗教的寛容と、現実における不寛容との以上のようなギャップに注目するということが、本章の基本的な問題意識である。

この問題に対してアプローチするために、本章では、利用可能な文献資料を参照しつつ、死者儀礼の分析が行われる[3]。それは、このテーマに関しては、すでに多くの先行研究が存在し、それらを十分にふまえた上での議論が要求されるからである。しかし、他方こうした先行研究の議論を批判的に展開するためには、一定のフィールド調査が必要になる。本章の元になった調査では、主として牧師や長老といった教会指導者にインタビューを行い、死者儀礼をめぐる問題点の確認と資料収集を行った[4]。このように文献研究とフィールド調査を組み合わせることが、本章の方法論となる。

次に、本章では、日韓キリスト教の比較という視点を採用する。それは、日本あるいは韓国におけるキリスト教の死者儀礼の分析を行う場合、両国の比較が有効だからである。日韓のキリスト教の間には、プロテスタント諸教派の宣教当初の時点における多くの類似点と現在の著しい相違点という、対照的な二つの面が存在しており、日韓のキリスト教の比較は、それぞれのキリスト教会の特徴を浮かび上がらせるのに、有効な視点となることが期待できる。なお、本章の第二節は、金文吉と論者との共同研究に基づくものであり、第三節以降もこの共同研究を基礎にして展開されたものである[5]。

## 二　日本のキリスト教における死者儀礼

　まず、葬儀や墓についての先行研究を参照するところから議論を始めよう。社会学的手法によって、日本キリスト教における先祖崇拝を分析した研究としては、リード（1989）などを挙げることができるが、これまでの諸研究を踏まえて、キリスト教の死者儀礼を論じた研究としてまず参照すべきは、川又（2001）である。川又は、死者儀礼の問題を日本社会おけるキリスト教受容の問題と位置づけ、森岡清美と武田清子による代表的なキリスト教受容研究を参照しつつ[6]、「教会指導者や信徒による死者儀礼の対応を三つに類型化」することを提案している（川又、2001、26）。それは、拒否、容認、変換の三つであるが、その要点は次のようにまとめられる。「拒否」とは、「キリスト教の儀礼だけを守り、先祖祭祀として行われているさまざまな儀礼を拒む対応」である。この先祖に対する儀礼一般を偶像礼拝と見なす見方は、仏壇や神棚の廃棄に至るかは別にして、さまざまな度合いにおいて、日本のキリスト教、とくにプロテスタント教会に見られるものであり、論者によるフィールド調査でも確認された。これに対して、「容認」は、「先祖祭祀を宗教儀礼ではなく単なる習俗としてとらえ、そのまま実施する対応」であり、神社仏閣をいわば文化財と解して見学したり（参拝ではなく）、あるいは仏式の葬儀において形式的に焼香したりするといった場合に、確認できる態度である。これも、日本のキリスト教では、さまざまな場面で広範に見ること

ができる。最後に「変換」であるが、これは、「先祖祭祀を形式上そのまま踏襲したり、それに準じた方法で行ったりするが、その中にキリスト教としての意味づけを見いだしたり、儀礼に再解釈を付す対応」と説明される。これは、拒否と容認の中間的な立場と言えるが、日本のキリスト教会で、元旦礼拝や幼児祝福を行うのは、初詣や七五三などの伝統的な儀礼をキリスト教的に変換したものと言えよう。

　以上が川又の提示する類型論であるが、本章との関連で問題となるのは次の点である。本章では、日本の宗教的多元性のもとにおける宗教的寛容を問題にしているわけであるが、これは、川又の類型論とは現象を見る方向性においていわば逆の視点を含んでいる。すなわち本章の問題には、多元的状況においてマジョリティである伝統的宗教の実践者からマイノリティであるキリスト教徒の信仰がどのように扱われているかという点が含まれているが（伝統宗教からキリスト教へ）、川又の類型論で問題なのは、キリスト教徒が伝統的宗教やその儀礼をどのように理解し対応しているか（キリスト教から伝統宗教へ）、ということである。この二つの方向性の相違は、宗教的寛容をどのような視点から論じるのかという問題に関わっており、両者の関係は、第七節「むすび」で論じることにしたい。

　次に、日本のキリスト教の死者儀礼の内容について、具体的に検討してみよう。論者によるフィールド調査では、主に墓と葬儀について調査を行ったが、まず確認すべきことは、死者儀礼については、教派においてかなりの相違が見られると同時に、教派を超えた共通性も確認できるという点である。たとえば、キリスト教の葬儀式と伝統的な儀礼との関わりで、しばしば問題となる、写真、献花、香典に関しては、教派によって、その対応にかなりの差が認められる。プロテスタントでも改革派教会の伝統では、基本的には遺族の意向を尊重するとしても、全体として、故人の写真を正面に掲げることや献花については否定的である――写真を正面に掲げることは、写真を拝礼の対象とした死者崇拝（偶像礼拝）と受け取られる恐れがあり、また献花についても異教的慣習の遺風という見解がある――。論者によるフィールド調査の範囲で言えば、日本基督教団所属の教会では、こうした点は相対的により曖

昧に扱われているように思われる。

このように日本の伝統的な死者儀礼との距離の取り方については教派で微妙な違いが見られるものの、葬儀が礼拝であり、日本的な先祖崇拝とは異なるという理解においては、基本的な一致が見られる。また、日本の伝統的先祖供養の儀礼である年忌に相当するものとして、記念会（記念礼拝）が存在するが、日本のプロテスタント教会では、その実施については基本的に遺族の自由に任されており、教会の儀礼としてはきわめて軽い扱いになっている——「記念会は、一か月、一か年、三か年、七か年、一〇か年など適当に執り行えばよいでしょう」（『クリスチャン生活事典』教会新報社、1981年、430頁）——。

こうした分析により、葬儀を中心とした死者儀礼に関して、日本のキリスト教会は、葬儀が礼拝であるとの基本を守りながら、伝統的な死者儀礼に対して、場合によっては拒否し、場合によっては柔軟に取り入れるといった仕方で、対応していることがわかる。こうした状況は、フィールド調査でも確認されたことであるが、しばしば遺族と教会との間に、あるいは遺族の内部に、様々な対立を生み出すことになり、宗教的寛容の成立を困難にしている。キリスト教の信仰をもって亡くなった故人が、牧師には教会でのキリスト教式葬儀を希望していたにもかかわらず、その故人の意思が遺族に十分伝わっていなかったために、結果として、寺での仏式の葬儀が行われた、といった事例は少なくない。これは、日本のキリスト教会が抱える共通問題である。

同様の問題は、墓についても確認できる。教会墓地の建設は、教会によって、教会堂や牧師館の建設の次に重視される事柄である。教会発足当初は、教会員における葬儀の数は少なく、個々の場合に個別的に対応すれば、問題の処理としては十分であったが、一定の年数が経過し教会員の数が増加すると、それにともなって教会員の葬儀の数も増加し、墓についても一定のシステムを確立することが、教会共同体にとって重要な課題になる。なぜなら、葬儀の場合と同様に、キリスト教信仰をもって亡くなった故人が希望通りの墓に入れるかについては、しばしば問題が発生するからである。遺族の意向に沿って、教会墓地に入れず、先祖伝来の家の墓に葬られる例は、フィール

ド調査でも確認された。

　以上から、日本のキリスト教が置かれている宗教多元的状況は、とくに死者儀礼においては、場合によっては対立を生み出し、宗教的寛容性を損なっていることが確認できる。こうした問題の背後に存在するのは、日本の宗教的伝統に深く根ざした家制度である。家制度は現在も宗教的多元性が不寛容な作用をもたらす場合の大きな要因の一つとなっており、そこに日本独特の宗教的状況が存在している。日本人の宗教については、これまで、意識レベルでの無宗教（漠然とした無宗教という意識）と行動レベルでの宗教（初詣、お盆、七五三などの宗教行動）とのギャップの存在が指摘されてきたが[7]、そこには、キリスト教などの既存の制度化された宗教団体を宗教ととらえ、それから年中行事や伝統儀礼を習俗や慣習として区別するという宗教観が反映している。したがって、多くの日本人にとって、宗教学的には宗教行動と見なされるものを熱心に行いながら自分は無宗教的であるとの意識をもつことは矛盾なく成り立つことになる。死者儀礼についても、それは個人の信教の自由の事柄であるというよりも、家のメンバーが遵守すべき家の慣習という仕方でとらえられ、それを強制することが宗教的不寛容であるとは意識されにくいことになる[8]。こうした宗教観の背後は、おそらく戦国時代末期から江戸時代に確立した政治権力の宗教政策（檀家制度）と、明治時代に展開された「神道＝非宗教」論などの影響が存在しており、そこに独特のゆがみが発生していると言わねばならない[9]。これが、日本のキリスト教を取り巻く宗教的不寛容の状況を見えにくくしているのではないだろうか。

　論者によるフィールド調査では、以上の状況に対して、キリスト教会指導者がどのような対応をしているかについて、いくつかのポイントを確認することができた。家族という場における宗教的多元性が不寛容に陥る原因の一つは、死者儀礼の宗教性（宗教的寛容の事柄であるということ）が意識されていないことにあるのであって、それゆえ、この状況を改善するには、この宗教性を意識化することが有効である。フィール調査を行った教会の中には、死者儀礼に関する研修を行うなど、様々な機会に死者儀礼に関わる意識調査あるいは信徒教育を行っている例が見られた。これは、教会共同体内部にお

ける死者儀礼の宗教性の意識化の試みといえる。しかし、死者儀礼＝習俗という日本的状況の中では、教会内でも死者儀礼の意味がしばしば不明確になる(10)。たとえば、教会主催の神礼拝としての葬儀が、信者の側で一種の先祖供養であると誤解されるのは、決して珍しくない。日本の宗教的状況においては、キリスト教会も死者儀礼の意味を繰り返し意識化することが必要なのである。さらに大切なのは、死者儀礼の宗教性を、非キリスト教である遺族に理解してもらうことである。実際、遺族がすべて非キリスト教徒であった場合でも、故人と家族、教会と親族との間のコミュニケーションが十分行われ、死者儀礼が宗教的寛容の事柄であることが相互に理解されている場合には、誤解に基づくトラブルは基本的に避けうるのである。このために、遺言状を作成することを指導している教会も存在している(11)。遺言などによって故人の死者儀礼に関する意思が明確に伝わっている場合には、遺族がそれを尊重することは十分に期待できる。おそらく、こうした死者儀礼の宗教性の意識化の取り組みが不十分であり、またそれについての神学的反省も十分に行われていないところに、現在の日本のキリスト教会が直面する宗教的不寛容の困難さが存在しているのではないだろうか。キリスト教信仰と日本の伝統文化との関わりが、先祖供養や家制度という問題に関連して、十分に掘り下げて議論されることが必要である(12)。近年、死や葬儀に関する日本人の意識も変化しつつあると言われるが、今問われているのは、この意識の変化は宗教的寛容にとっていかなる意味を持つのか、キリスト教はこれにいかにコミットとしてゆくのかということなのである。

## 三　韓国フィールド調査の開始

　11月の早朝にもかかわらず、釜山バプテスト病院に隣接した、病院付属の葬儀施設では、すでに複数の葬儀が行われ、そのために多くの人々が集まってきていた。子供や大人、女性に男性、伝統的な儒教式の喪服を着た人たち、そこには、病院の側であることを忘れさせるような、独特の雰囲気が存在していた。

これは、論者が 2003 年 11 月 1 日～5 日に釜山で行ったフィールド調査の一コマである。韓国で、死者儀礼（葬儀と供養）について調査を行った目的は、死者儀礼の実態と変化を通した日韓の宗教と家族の比較研究を行うことであったが、韓国キリスト教の死者儀礼は、キリスト教を含めた韓国宗教についての重要な研究テーマの一つである。たとえば、先に指摘した、早朝からの葬儀は、日本における一般的な葬儀形態からは考えにくいものであり、韓国での土葬の実態を反映している。というのも、郊外の離れた墓地に移動し、土葬の埋葬式を行うために要する時間を考えるとき、葬儀を早い時間帯に行うことが望ましいからである。

　以下においては、韓国キリスト教の死者儀礼を手掛かりにして、韓国キリスト教についての理解を深めることを試みたい。そのために、まず、韓国キリスト教について必要な範囲で紹介を行い、その上で、死者儀礼へと議論を進めることにしよう。また最後に、韓国キリスト教における死者儀礼の注目すべき動向にも触れることにしたい。

## 四　韓国キリスト教の紹介

　朝鮮半島のキリスト教は、その伝播の経緯と初期の動向から言えば、日本キリスト教の場合ときわめて類似した状況にあった。つまり、外来宗教であるキリスト教は、伝統的な宗教文化に阻まれ、伝道は困難に直面していたのである。しかし現在、韓国と日本との間には、キリスト教受容に関して、決定的な違いが見られる。韓国では、現在おおよそ人口の 30% あまりの人々がキリスト教徒（プロテスタントとカトリックは、約 2 対 1 の比率）であり、人口の 1% に過ぎない日本キリスト教とでは、歴然とした差異が存在する。こうした相違が生じた原因について、ここで詳細に論じる余裕はないが、それが韓国と日本におけるキリスト教受容（土着化）の違いと密接に関連していることを指摘しておきたい。つまり、キリスト教土着化のあり方の相違が、現時点における両国のキリスト教の差となって現れたということであり、本章のテーマである死者儀礼は、まさにこの土着化と深く関わっているのであ

る。そこで、死者儀礼の紹介に入る前に、韓国におけるキリスト教土着化全般について、簡単に触れておこう。

韓国におけるキリスト教の土着化において注目すべきは、民族の伝統文化に対するキリスト教会の柔軟な対応にある。韓国のキリスト教は民族主義的であると言われるのは、この点に関わっており、たとえば、柳東植は次のように指摘している。

「王朝が亡びる一九一〇年頃のプロテスタント教会は、芽ばえてやっと二十数年という幼いものであった。しかし朝鮮キリスト教の性格は、すでにこの初期に形成されていたと見られる。それはまさに幼児期に形づくられるといわれる人間の性格形成にも似たものであろう。朝鮮人に受け入れられて速やかに成長しつつ民族の激動期を生き抜いたキリスト教は、それなりに土着化して自らの性格を表わしていた。キリスト教はすでに、いわば民族宗教化しつつあったと言うことができる」（柳東植『韓国のキリスト教』東京大学出版会、1987年、51-52頁）。

柳は、以上に続いて、民族宗教化したキリスト教の性格として、ハングルの宗教、復興会の宗教、そして民族主義の宗教の三点を指摘しているが、抗日運動（民族解放運動）と1980年代の民主化闘争に積極的に関与し、近代国家韓国の形成に決定的な寄与を行うことを通して、韓国キリスト教会は、「民族主義的な宗教」（同書、53頁）という特質を有することとなったのである。韓国人の宗教という位置付けを獲得しつつあるという意味で、韓国キリスト教会はすでに外来宗教として単純に分類できる段階を超えたと言うべきかもしれない[13]。

以上のような日本と韓国におけるキリスト教がそれぞれ直面した歴史的状況の相違が、両者の土着化のあり方、とくに伝統的な死者儀礼との関わり方における違いとなって現れているのである。

## 五　韓国死者儀礼の概要

　韓国における伝統的な儒教式の死者儀礼は、納棺式から、葬儀式、出葬式、埋葬式、そして一連の供養までを含む、長期にわたる様々な儀式によって構成されているが、キリスト教式の死者儀礼にも、これらの諸儀式に対応するものが存在しており、形式的には類似した側面を有すると言える。しかし、その宗教的意味づけについては、大きな相違が見られる。根本的な相違は、キリスト教式の死者儀礼は神との関わりにおいて理解されている点であり、以下、納棺式、葬儀式、供養について、具体的に説明を行うことにしよう。

　まず、納棺式は死者を棺に入れる儀式であるが、儒教式では、死者を糸紐で縛って棺に入れる——死者の霊を動かないようにする——。それに対して、キリスト教式では死者は縛らず、讃美歌を歌い、喪主が死者に聖水をかけて蓋をする。また、儒教式では、死者に供物を供えるが、キリスト教式では、聖書を置いて、時間ごとに讃美する。つまり、キリスト教の場合も、死者を丁重に扱う点では同様であるものの——実際、葬儀はキリスト教においてきわめて重要な位置を占めており、葬儀式執行は聖職者の最優先の仕事に他ならない——、その基本は、遺族と死者の二者関係にあるのではなく、神を含めた三者関係に置かれている。神への讃美が儀式の中心をなしているのである。

　次に、葬儀式（告別式）であるが、葬儀が神への礼拝であるという理解に関しては、韓国のキリスト教も、日本のキリスト教も原則的に同じである。筆者は、釜山でのフィールド調査において、メソジスト教会（Dongrae Onchun Methodist Church）の葬儀式に参列する機会があったが、その式の順序は次のようなものであり、日本の場合と同様に、通常の礼拝式と基本的に同じ構成であった。

　招詞、黙祷、讃詠、詩編交読、讃美歌、祈祷、聖書朗読、説教、祈祷、挨拶、頌詠、祝祷、出棺。

　また、葬儀式場（礼拝堂）の内部の配置や、遺族や参列者の服装（伝統的な儒教式の喪服ではない）からも、日本におけるキリスト教式の葬儀との違

いはほとんど感じられない。棺が置かれ、死者の肖像画（写真）が飾られ、喪服の人々が多く参列していること、これらを除けば、通常の礼拝とまったく同じである。

　東アジア（中国、朝鮮半島、そして日本）のキリスト教においては、以上のようなキリスト教的な死者儀礼観（とくに神礼拝としての葬儀理解）と、伝統的な死者儀礼（とくに祖先崇拝・先祖供養）の慣習との間に、様々な緊張・対立が発生するという共通問題が認められる。たとえば、日本でも韓国でも、死者がキリスト教信仰をもっていたにもかかわらず、自らの葬儀についての意志を明確にすることなく死亡し、遺族のほとんどがキリスト教以外の宗教を信奉している場合、死者の葬儀をキリスト教式で行うことについて、遺族の内部や遺族と教会との間に、しばしば問題が生じることがある。葬儀が神礼拝であるという原則について、どの程度一般信徒において徹底されているか疑問が残るように思われる。

　しかし、おそらく、韓国キリスト教の死者儀礼で、この問題が顕在化しやすいのは、供養においてである。供養において重要になる位牌――死者が誰であるかを明記した位牌が儒教式の死者儀礼全般において重要な意味をもつことは言うまでもないが――について、キリスト教式では、儒教式の位牌の代わりに死者の肖像画が掲げられ、その点でキリスト教化が行われている。しかし、儒教的伝統との連続性が随所に見られることも否定できない。そもそも、供養に相当する追悼式（記念会）についての特別の規定がなく、また一般化していない日本キリスト教の場合と比較して、韓国キリスト教における追悼式は、いわば遺族の義務と考えられており、そこに儒教的伝統の反映を見ることができる。たとえば、韓国キリスト教では、土葬の場合、埋葬の三日目に墓碑銘を立てるための供養（三墓）が行われるが、釜山の水営教会（高麗派）の長老にインタビューしたところ、三墓は多くの韓国のプロテスタント教会では、墓前礼拝として行われており、伝統的な儒教儀礼を受け継いだものとの説明があった。

　以上のように、韓国キリスト教の死者儀礼を見るとき、そこにはキリスト教の原則が保持されつつも、日本キリスト教に比べ、民族的伝統とのより密着

した踏み込んだ関係が確認できる。これは、死者儀礼に限らず、伝統的な宗教文化全般の受容についても、指摘できることであろう。もちろん、韓国キリスト教といっても、その内部における差異を無視することはできない。とくに重要なのは、プロテスタント教会とカトリック教会（天主教）といった教派の違いである。一般に、カトリック教会は、プロテスタント教会に比べて、伝統文化への対応においてより寛容あるいは柔軟であり、たとえば、儒教的な先祖祭祀についても、先祖を神格化して崇拝する宗教儀礼ではなく、伝統文化であると解した上で、それを受け入れている。このカトリックとプロテスタントとの対比は、日本にもほぼ当てはまるであろう。また、韓国国内の地域差も重要である。伝統的な宗教儀礼の変容・解体が進むソウルと、伝統的文化がより保持されている釜山とでは、キリスト教会における死者儀礼に関して違いがあるのは、当然である。したがって、死者儀礼における伝統受容については、それが東アジアの他の地域との違いにおける韓国キリスト教のマクロな特徴を理解する際に重要な意味を有している点を確認した上で、さらにミクロな個別的な事例研究を積み重ねることが必要と言わねばならない。

## 六　死者儀礼の急激な変化

　こうした韓国キリスト教の特徴といえる死者儀礼のあり方は、現在急激に変貌しつつある。この変化の早さも、日本と韓国の相違の一つと言えるかもしれない。

　韓国の死者儀礼における最大の変化は、土葬から火葬への移行である。韓国の儒教的伝統の特徴は土葬にあると従来から説明がなされてきたが、すでにこの状況は過ぎ去ってしまったかの感がある。先に言及した2003年のフィールド調査の際にインタビューした、釜山バプテスト病院付属の葬儀施設の担当者の話によれば、釜山においてもこの時点ですでに火葬率が60％に近づいており、近い将来、80％に達するとの予想であった。この状況はその後急速に進展し、とくにソウル近郊においては、火葬率は大きく上昇してい

る[(14)]。この変化の背景には、環境や土地問題を含む韓国社会の変化を読み取ることができるが、釜山地域でも 2003 年においてすでに、この変化に応じるものとして、巨大な納骨施設を備えた大規模な墓苑が出現していた。そこでは、ロッカー式収納スペースに陶器製の骨壺に収められた数え切れないほどの遺骨が安置されていた。もちろん、大規模墓苑の近くの墓地では、伝統的な儒教式儀礼による土葬も見ることができたが、墓地をめぐる変化の早さは驚くべきものであり、伝統的儀礼の解体は押しとどめようもない。キリスト教においては、古代より、火葬と土葬をめぐっては多くの論争がなされており（水垣渉「キリスト教葬儀の始まり――古代教会の葬儀」、ＮＣＣ宗教研究所『出会い』56、2005 年、3-17 頁）、それを単純に韓国キリスト教の墓の問題に結び付けることはできないが、火葬や土葬以外の様々な自然葬（散骨、樹木葬など）を含めた、韓国の死者儀礼の今後の行方は、キリスト教会一般の葬儀の将来を考える上でも重要な意味を持っている。

　こうした死者儀礼の変化から何を読み取ることができるであろうか。死者儀礼の変容の背後にあるものとして注目しなければならないのは、家族とライフスタイルの変容である。日本においてもそうであるが、生活の都市化（人口の都市部、とくにソウルとその近郊への集中）と少子化は、韓国に置いても急速かつ深刻である。 韓国は 1970 年頃には、4.53 人あった出生率が、その後急落し、2000 年には 1.47 人、2002 年には 1.17 人、2003 年には 1.19 人と推移し、そして 2005 年には、1.08 人にまで低下した（その後、幾分持ち直してきている）。儒教式の死者儀礼、とくに土葬とその後の複雑かつ長期にわたる供養は、伝統的な家族共同体（家父長的な大家族）を前提としたものであって、急激な少子化は、その維持を事実上困難にしている。先祖供養において具体的に確認されてきた親族共同体――そして、東アジアの伝統宗教はこの親族共同体を基盤にしてきた――の絆が、少子化の現実を前にして、その変容を余儀なくされているのである。「先祖祭祀の変化を研究するためには、先祖祭祀の基盤である家族の変化がとらえられねばならない」（井上治代『墓と家族の変容』岩波書店、2003 年、4 頁）という論点は、日本だけでなく、東アジア全体に妥当するものなのである。都市化と少子化は、伝統

的な死者儀礼の簡略化を促進し──脱床までの供養の期間を、3年から1年に圧縮するなど──、しばしばそれはキリスト教式の死者儀礼の方式の採用となって現われており、キリスト教の影響という点からも注目に値する。たとえば、位牌の代わりに肖像画を用いる方式がかなり一般化するなど、死者儀礼の様々な場面で、キリスト教の方式との融合現象が見られる。

　こうした動向に積極的に対応する動きは、韓国キリスト教会において確認できる。少子化は同時に社会の高齢化をもたらさざるを得ないわけであるが、韓国キリスト教会においては、教会共同体の中で、人生の全ライフサイクルに応じたプログラムを用意することによって、高齢化に対応する取り組みがなされている。とくに、信徒数が数万を超えるメガ・チャーチにおいては、家族の変容によって困難な状況に直面しつつある高齢者への各種のサービスが実施されており──まさに、揺りかごから墓場まで──、そこに、崩壊しつつある親族共同体に代わる新しい家族としての教会形成の動きを見ることができるように思われる。筆者は、2006年に韓国ソウルにおいてメガ・チャーチのフィールド調査を実施したが（本書第三章を参照）、韓国キリスト教の動向を全体的に論じるには、今後メガ・チャーチ以外の中小規模のキリスト教会についてもフィールド調査を進めることが必要である。

　以上のように、韓国社会においては、家族の変容に対応して、一方には、死者儀礼の変容が進展し、他方には変容する社会と共同体へのキリスト教会の対応が確認できる。これは、韓国キリスト教における根本的な変化を予想させるものであって、その場合、キリスト教的原則と伝統文化との再調節が新たな課題として浮上してくることになるであろう。今後の動向に注目したい。

## 七　むすび

　最後に、これまでの議論との関連で、宗教的多元性と寛容について、若干の問題を指摘することによって、本章をしめくくることにしたい。

　明治から現在にいたるまで、日本のキリスト教は社会のマイノリティとし

て存在してきた。このキリスト教に対して、マジョリティである日本社会は常に寛容だったわけではない。第二次世界大戦後、一見、クリスマスやバレンタインデーなどのキリスト教的習俗は広く受け入れられているかに見えるが、宗教儀礼の中心である葬儀や墓の問題になると、決して寛容とは言えない実態がある。近代日本におけるキリスト教の状況を規定してきたのは次のような構図である。つまり、欧米列強の圧力の下での上からの近代化とキリスト教への不寛容・抑圧という構図である。明治政府がキリシタン禁令の高札を降ろしたのは、欧米列強の圧力によることは広く知られた事実であり[15]、これは、欧米列強とともに、あるいはそれを後ろ盾として布教を開始したキリスト教諸教派が、日本の宗教性を低いもの、遅れたものとみなすという不寛容な態度をとってきたこととも、密接に関係している。これはすでに近代化した欧米（近代世界のマジョリティ）から遅れて近代化しつつある日本（近代世界のマイノリティ）への寛容／不寛容のベクトルである。しかし、日本内部において見れば、キリスト教は日本社会のマイノリティであり、明治以降、強弱の変化はあるものの、マジョリティである非キリスト教的な日本社会は、マイノリティであるキリスト教に、様々な局面において不寛容な圧力を及ぼし続けてきたのである。ここにも、マジョリティからマイノリティへの寛容／不寛容のベクトルが見られる。

　しかし、マイノリティとマジョリティとの間には、別の反対方向のベクトルも存在する。それは、キリスト教が日本の伝統文化をいかに受容するのかという点で、拒否、容認、変換として類型化されたベクトルである。確かに、ロックの寛容論などに見られるように、西欧近代で制度化された宗教的寛容（信教の自由）は、基本的にマジョリティからマイノリティへのベクトルとして、「寛容」を位置づけてきた[16]。しかし、現代の宗教的多元性の状況下では、寛容／不寛容は、個あるいは集団レベルにおける、他者への関わり方・態度（方向性）における質として、他者との相互作用の場の特性としてとらえることが必要なのではないだろうか。寛容は、マジョリティからマイノリティへという方向性だけでなく、マイノリティからマジョリティへの方向性においても作用しており、実に、日韓のキリスト教会を取り巻く宗教的多元

性の状況では、この二つの力の方向性は、相互に媒介し合っており、両者を統一的に理解することが必要なように思われる。このような認識に立って、宗教的多元性における寛容の問題へとアプローチすることは、今後宗教的寛容論を公共性との関わりにおいて再構築する上でも、重要な意味をもつと言えよう（→次章へ）。

**注**

(1) 宗教的多元性をめぐる宗教研究の全体的状況については、『宗教研究　特集号近代・ポスト近代と宗教的多元性』329号　日本宗教学会、2001年、に所収の諸論文を参照。宗教的多元性に関わる多様な問題群をめぐっては、欧米での関連研究は数え切れない数に上る。その詳細については、論者のブログ「自然神学・環境・経済」（http://logosoffice.blog90.fc2.com/）をご覧いただきたい。しかし、次の挙げるものなど、日本の宗教研究においても多くの優れた研究成果が公刊されている。

　　南山宗教文化研究所編『宗教と文化——諸宗教の対話』人文書院、1994年。

　　島薗進、テリー・テル＝ハール、鶴岡賀雄編『宗教——相克と平和　〈国際宗教学宗教史学会東京大会（ＩＡＨＲ２００５）の討議〉』秋山書店、2008年。

　　星川啓慈『宗教と〈他〉なるもの——言語とリアリティをめぐる考察』春秋社、2011年。

(2) 死者儀礼における家の宗教という問題については、次の櫻井圀郎の論考（いずれも、『キリスト教と世界』東京基督教大学、に掲載）を参照。「葬送法上の問題（一）」（第11号、2001年）、「親族にかかわる法と祖先崇拝」（第12号、2002年）、「日本人の宗教観と祖先崇拝の構造」（第13号、2003年）。なお、現代日本における家制度と墓をめぐる変容については、井上治代『墓と家族の変容』（岩波書店、2003年）が参照できる。

　また、日本キリスト教における葬儀をめぐる現実的な諸問題（外来宗教の受容—式文—お通夜（前夜式）—弔電・弔辞—墓・仏壇・位牌—線香・献花—棺の位置—お骨拾い—火葬—他宗教の葬儀など）については、次の座談会の記録が興味深い。

　　「葬儀の諸問題（座談会）」（ＮＣＣ宗教研究所『出会い』56、2005年、51-88頁）。

(3) 日本キリスト教の死者儀礼の一般的な説明として、本章では次の文献が参照された。

　　一　島村鶴亀他編 『クリスチャン　生活事典』教会新報社、1981年。

　　二　小畑進 『キリスト教慶弔学事典』いのちのことば社、1978年。

　　三　加藤常昭『鎌倉雪ノ下教会　教会生活の手引き』教文館、1994年。

　　四　日本基督教団信仰職制委員会編『新しい式文——試案と解説』日本基督教団出

版局、1990 年。
　　五　日本基督教団信仰職制委員会編『死と葬儀』日本基督教団出版局、1974 年。
　　六　日本福音ルーテル教会『葬儀と結婚』日本福音ルーテル教会出版部、1993 年。
　　七　日本カトリック典礼委員会編『葬儀』カトリック中央協議会、1993 年。
　なお、宗教をテーマとしたフィールド調査と文献研究とは一つの研究プログラムにおいて統合されるべきものであるが、実例としては、たとえば次の研究が挙げられる。
　　飯田剛史『在日コリアンの宗教と祭り――民族と宗教の社会学』世界思想社、2002 年。
(4) 本章は 2003 年に行われた一連のフィールド調査に基づいている。香川県善通寺市（7 月 31 日〜8 月 2 日）、栃木県小山市・足利市（8 月 11 日〜13 日）、奈良市（8 月 21 日）、韓国釜山市（11 月 1 日〜5 日）。今回の調査は、先行研究（文献資料）によって論じられてきたポイントの確認と、今後のより本格的な調査のための予備調査の目的で行われた。本格的な調査は今後の課題である。
(5) 東アジアの文脈での日韓キリスト教の比較については、芦名定道「キリスト教と東アジアの近代化」、『アジア研究所紀要』第 25 号、1999 年、亜細亜大学アジア研究所、を参照。なお、日韓キリスト教の統計データを含めた比較のためには、次の文献が参照できる。
　　David B. Barrett / George T. Kurian / Todd M. Johnson（eds.）*World Christian Encyclopedia*, second edition, Oxford University Press, 2001.
　本章は、京都大学大学院文学研究科において実施された、21 世紀ＣＯＥプログラム「グローバル時代の多元的人文学拠点形成」（2002〜2007 年）における共同研究、特に金文吉と論者との共同研究が基盤とし、その後も継続された研究の成果である。
　なお、21 世紀ＣＯＥプログラム「グローバル時代の多元的人文学拠点形成」の研究班「多元的世界における寛容性についての研究」（リーダー：芦名定道）の最終的な研究報告としては、次の論集が出版された。
　　芦名定道編『多元的世界における寛容と公共性――東アジアの視点から』晃洋書房、2007 年。
　さらに、1993 年から 98 年まで行われた「日韓宗教研究者交流シンポジウム」の成果をまとめたものとして、次の文献も対話・比較という点で重要である。
　　柳炳徳・安丸良夫・鄭鎮弘・島薗進編『宗教から東アジアの近代を問う――日韓の対話を通して』ぺりかん社、2002 年。
(6) 森岡清美（「『外来宗教の土着化』をめぐる概念整理」、『史潮』109 号、1972 年）は、土着化を「孤立（拒否・変形）」「狭義の土着化（容認・変形）」「秘事化（拒否・変質）」「埋没（容認・変質）」の四類型に、また武田清子（『土着と背教』新教出版社、1967 年）は著名なキリスト教徒を例に「埋没」「孤立」「対決」「接木（土着）」「背教」の五類型に分けている。

(7) 日本人の宗教意識調査については、石井研士『データブック——現代日本人の宗教　戦後50年の宗教意識と宗教行動』新曜社、1997年、を参照。なお、このデータブックについては、2007年に増補改訂版が出版されている。
(8) 「キリスト教や新宗教の葬儀を除く一般の葬儀は、宗教的様相を呈していたとしても、それを習俗的行為と解し、宗教的行為ではないとするのが多数意見であろう」(櫻井、2001、28)、自衛官合祀訴訟最高裁判決(昭和63年6月1日)——原告であるキリスト者遺族に対して宗教的寛容を説き、キリスト者の偏狭さを諫めた——に見られるように、「西欧の宗教的寛容が少数者の権利を擁護する寛容の姿勢であるとすれば、日本の宗教的寛容は、少数者の権利を否定し、少数者を権力に服従せしめる強制の論理なのである」(櫻井、2003、60)。
(9) 近代日本の宗教史が宗教理解にゆがみを生じた点に関しては、阿磨利麿によって(『宗教が甦るとき』毎日新聞社、1986年、『国家主義を超える——近代日本の検証』講談社、1994年) 論じられている。この問題連関をめぐるより包括的な議論としては、次の文献が挙げられる。

　　京都仏教会監修、洗建・田中滋編『国家と宗教——宗教から見た近現代日本　上下巻』法藏館、2008年。

(10) 「家的結婚式や家的葬式が当然のこととして広範に行われ、社会の深みにまで浸透している」という点では、「教会も、必ずしも、例外とは言えない。なぜなら、多くの教会において、あえて法律の精神に反する家的結婚式を行っているからである」(櫻井、2002、16)。「教会も、トラブルを嫌うあまり、この点では、教会員である信徒の指導・教育にあまり熱心であるとは言えず、結果的に、信徒が親族の多数に屈する道を選ばざるを得なくなっている」(同書、17)。
(11) 栃木県足利市でのフィールド調査では、「クリスチャンのための遺言書」(いのちのことば社)によって、遺言指導を行っている例が確認された。
(12) キリスト教信仰と日本の伝統文化との関わりを含む、最近の研究成果として次の論集を参照。

　　山田慎也『現代日本の死と葬儀——葬祭業の展開と死生観の変容』東京大学出版会、2007年。

　　国立歴史民俗博物館・山田慎也・鈴木岩弓編『変容する死の文化——現代東アジアの葬送と墓制』東京大学出版会、2014年。

　　近藤剛編『現代の死と葬りを考える——学際的アプローチ』ミネルヴァ書房、2014年。

(13) 韓国キリスト教と民族主義との関わりについては、池明観『現代史を生きる教会』新教出版社、1982年、を参照。また、宗教に関連した日韓比較、あるいはキリスト教の日韓関係史については、次の文献が参照できる。

　　李元範・櫻井義秀編『越境する日韓宗教文化——韓国の日系新宗教　日本の韓流キ

リスト教』北海道大学出版会、2011年。

徐正敏『日韓キリスト教関係史研究』日本キリスト教団出版局、2009年、『日韓キリスト教関係史論選』かんよう出版、2013年。

(14) 火葬率上昇がもたらした韓国の死者儀礼の変化については、次の研究において詳細が紹介されている。

丁ユリ「韓国の大都市とその周辺部における納骨堂——儀礼・追慕の形式の変化と新しい死と生の空間の生成」(東京大学大学院人文社会系研究科『死生学研究』第17号、2012年、274-294頁)。

(15) キリシタン禁令をめぐる歴史的事情については、安岡昭男「岩倉使節と宗教問題」(中央大学人文科学研究所編『近代日本の形成と宗教問題』中央大学出版部、1922年、267-299頁)を参照。なお、ＮＣＣ宗教研究所『出会い』56 (2005年)は「キリスト教の葬儀を考える」との特集であったが、その中に、東馬場郁生「日本におけるキリスト教葬儀のはじまり——キリシタン伝道と葬儀」(18-32頁)が収録されており、近代日本の宗教状況を近世のキリシタン禁令をめぐる文脈で論じる上で、示唆的である。宗教学的な問題意識からのキリシタン研究として、東馬場郁生『きりしたん史再考——信仰受容の宗教学』(天理大学附属おやさと研究所、2006年)も興味深い。

(16) ロックの寛容論は、近代的な宗教的寛容論の基礎をなすものであり、その意義は近代社会自体の理解に関わるものである。当然、それについては、多くの研究が存在するが、日本においてキリスト教思想研究とも接する仕方で展開された研究として、次の永岡(永岡の研究は狭義のロック研究ではないが、ロックの道徳哲学に関連した自由論をキリスト教思想の射程に入れて論じている)と加藤の研究が参照できる。

永岡薫『デモクラシーへの細い道——イギリスと日本』日本基督教団出版局、1984年。

加藤節『ジョン・ロックの思想世界——神と人間との間』東京大学出版会、1987年。また、注5で触れた、京都大学21世紀ＣＯＥプログラム「グローバル時代の多元的人文学拠点形成」の研究班「多元的世界における寛容性についての研究」との関連で行われた「宗教的寛容研究会」の研究成果報告書『宗教と寛容』(2005年)と『宗教と公共性』(2006年)には、宗教的寛容、公共性に関わる諸論考が収録されており、京都大学学術情報リポジトリにて公開されている。

http://repository.kulib.kyoto-u.ac.jp/dspace/handle/2433/57655

# 第三章

# 東アジア世界における宗教的寛容と公共性

## 一　問題

　多元化そしてグローバル化によって特徴づけられる現代世界において、宗教は民族とともに、しばしば様々な対立の要因として位置付けられる。実際、宗教の相違を背景に、あるいは根拠として、紛争が意味づけられ、正当化される例は少なくない。こうした現況の中で、宗教的多元性の状況下における寛容の実現に向けて、理論的また実践的に多くの努力がなされつつある。現代キリスト教思想の主要な課題の一つはここにあると言える。

　しかし、現代の多元化・グローバル化の状況下で宗教的寛容を論じることは容易ではない。というのも、「寛容」はその文脈に応じてきわめて多義的に使用され、宗教的寛容で問われる問題は広範に及んでいるからである――寛容が問われる領域は、国際政治というグローバルな規模から、家族内の私的な領域（親密圏）までの多様な範囲にわたる[1]――。とくに、「寛容」という日本語の含意の広がりもあって、その意味はとらえどころもなく、拡散する傾向がある。そこで問題は、宗教的寛容について有効な議論をどのように構築するのかということになる。これに関して、網羅的あるいは体系的な議論を行うことは現時点で困難であるが、本論では、とくに公共性と東アジアという観点から、この問題にアプローチすることにしたい。以下、これらの論点を中心に簡単な説明を加えることによって、本論の問題設定を明確化してみたい。

　まず、公共性について。現代世界において、信教の自由と政教分離とは、

西欧的な近代国家であるか否かをわけるメルクマールにとして位置付けることができる――その点は、ソビエト社会主義共和国連邦憲法（基本法）でも（第52条）、また中華人民共和国憲法でも（第36条）、同様である――。もちろん、政教分離といっても、その実態は多様であって、国家と宗教との完全な分離といった理想状態は現実には存在しないと言わねばならない[2]。つまり、信教の自由や政教分離において前提とされる「公と私の二分法」（公私二元論）は、それ自体曖昧な内容を含んでおり、この原則を単純に自明視することによっては、現実の宗教状況、とくに多元性の下での対立状況を捉えるには限界がある。たとえば、イスラーム世界における政教一致システムを視野に入れるならば、教派的多元性の状況下で成立した政教分離システムを、いわばグローバルスタンダードとして宗教的多元性の状況に単純に一般化できるかは、問題であろう――そのこと自体は、政教分離原則の意義を必ずしも否定するものではない――。

近代的な社会システムの形成期（たとえば、17世紀イギリス）において、教派的な多元性を背景とした対立構造を乗り越えて市民社会の秩序を構築するために、道徳的あるいは宗教的信条――近代以前の共同体は単一の実体的な「共通善」の理念（道徳的あるいは宗教的信条に表現された）を基盤として秩序化されていた――といった対立と混乱の要因を、国家が介入できない私的領域に編入することは、形成途上にあった近代的な市民社会の秩序形成とっては不可欠の手続きであった。しかし、ロールズの正義論においても堅持されているこの近代自由主義の原則が現在一定の修正を迫られていることは、リベラリズムとコミュニタリアニズムの論争が示している通りである[3]。おそらく現代の宗教的状況をより適切に理解し、多元性がもたらす対立を克服する道を探る上で――ここで対立の克服と述べたのは、対立が消滅するということではなく、対立性をいわば昇華・転換することを意味している[4]――、「宗教と公共性」の関わりを問い直すことが必要となるのである。公共性から宗教的寛容へアプローチするという本論の問題設定は、信教の自由や政教分離を核心とする近代的なシステムが、まさに宗教的多元性（教派的多元性）とその状況下での寛容論という問題連関において歴史的に形成された

ものであり、また現代の宗教的多元性における対立の主要な場面が公共的な領域であるとの認識に基づいている。

次に、東アジアについて[5]。本論の目的は、現代キリスト教思想の動向を参照しつつ、宗教的寛容を論じるための新しい方向性を探ることにある。具体的には、東アジア（中国、韓国、日本）における宗教的寛容の実現への努力を、諸地域のキリスト教の相互比較を通じて明らかにすることが目指される。宗教的多元性をめぐる諸問題（宗教間対話、寛容、平和・戦争）はすでにかなりの議論の蓄積を有しているが、この東アジア世界に焦点をあてることは、宗教的寛容の多様な現象形態を明確化する上できわめて有利な側面を有している。というのも、この地域的な多様性は、キリスト教と公共性との関わりが、中国、韓国、日本のそれぞれにおいて、特徴的な仕方で展開していること――宗教と公共性との関わりにおける多様性――に明確に反映しているからである。公共性は、宗教間対話が具体的に遂行され、宗教的寛容が実現されるための場を構成しているのである。

以上に基づき、本論では次の内容が論じられることになる。

(1) 東アジアにおける宗教的寛容と公共性の問題を論じるに先立って、東アジア世界の宗教伝統の共通性とキリスト教の多様なあり方を概観する（第二節）。

(2) 東アジアの諸地域におけるキリスト教を、公共性という観点から比較することを通して、キリスト教共同体内部から外部へと広がる公共圏の創出について分析を行う（第三節）。

(3) 以上に基づいて、宗教と公共性との関係をめぐる従来の学説を再検討し、西欧近代の政教分離システムの東アジアにおけるあり方に留意しつつ、宗教と公共性との関係性をめぐる新しい理論構築の方向性を探る（第四節）。

(4) 本論文の論点を整理するとともに、今後の研究を展望する（第五節）。

## 二　東アジア世界の宗教状況とキリスト教

　東アジア世界におけるキリスト教を公共性の観点から論じるのに先だって、本節では、東アジアのキリスト教の多様なあり方について、概観してみよう。

　現在の東アジア世界のキリスト教から直接連続的に遡及できるキリスト教が、この地域に伝来したのは、欧米列強の進出とそれに続く近代化の時期であり、このことは現在のキリスト教のあり方を規定している。東アジアのキリスト教の多様性に入る前に、この地域の共通性について、若干の指摘を行っておきたい。

　東アジア世界におけるキリスト教の共通性として、まず挙げられるのは、キリスト教の伝来に先立って存在していた宗教的状況である（第一章も参照）。これは、東アジアは儒教文化圏あるいは漢字文化圏と言われる際の共通状況であるが、儒教自体が「宗教」であるか否かは別にして[6]、この地域の宗教文化が、儒教の強い影響下にあって、いわば、儒教的な「家」の宗教と言うべき伝統を形成しており、また、「家」の宗教伝統の下層にある基盤的宗教の層と、その上に存在する普遍宗教（仏教）の層と併せて、宗教的な重層構造を形成していることに、注目しなければならない[7]。キリスト教が伝来した東アジア世界は、こうした重層的な宗教文化が高度に発展した世界であり、これが東アジアにおけるキリスト教の受容にとって重要な意味を持つことになったのである[8]。

　また、キリスト教の伝来が、欧米列強の進出による東アジアの近代化の時期に重なっていたことも、キリスト教のその後の運命を左右することになった。つまり、東アジアにおけるキリスト教は、西欧の宗教あるいは侵略者の宗教という顔を持ち、まさにそのようなものとして理解されるようになった。東アジアのキリスト教は、近代化の文脈で、一方では列強の政治的経済的な活動を補完あるいは正当化するイデオロギーとして機能すると同時に、この地域の近代化の担い手として一定の寄与を行うことになる——教育・医療・福祉への貢献——。こうした近代化の過程におけるキリスト教の両面性は、

東アジアのキリスト教の共通の性格と言える。

　さらに、東アジアのキリスト教の共通性は、先行する宗教文化の同質性や近代化の文脈での類似性だけでなく、キリスト教自身の側においても指摘できる。それは、東アジアのキリスト教の最初の担い手であった宣教師のネットワークの存在である。つまり、東アジアは、宣教師を派遣する欧米教会にとって、いわば一つの伝統圏として存在していたのであり、想像する以上に緊密な連携を有していたのである[9]。

　以上のような当初の共通性にもかかわらず、現在の東アジアのキリスト教は、地域によって、きわめての多様な仕方で存在している[10]。次に、この多様性に留意しつつ、日本、韓国、中国のキリスト教について、それぞれの特徴を概観してみたい。

　まず、日本であるが、キリスト教の信徒数は長い間全人口の1％前後で推移しており、プロテスタント諸教派の伝来からすでに150年余りが経過したにもかかわらず、日本に十分に根付くことができないでいる。もちろん、この一方で、キリスト教は、全人口に占める小さな割合に比較して、明治以降の教育・医療・福祉において相対的に大きな影響を及ぼしつつ、現在に至っており、その存在意味は、信徒数によって単純に判断できない。キリスト教の日本への定着・浸透が困難であったことを理解するには、明治中期、とくに日露戦争から現在に至る日本の政治状況に注目することが必要である。つまり、明治以降の日本が選択した近代化のあり方が、キリスト教にとって必ずしも有利なものではなかったという点である。これは、キリスト教が様々な場面で経験した、近代日本における民族主義との様々な軋轢の内に端的に現れている。日本のキリスト教が、一方で、伝統的な宗教的伝統から自らを切り離しつつも、他方では、伝統的諸宗教との対話を積極的に模索してきていることは、以上の背景から理解されねばならないであろう。

　こうした日本のキリスト教の現状と比較して、韓国のキリスト教はまったく異なる状況にある。それは、全人口におけるキリスト教徒の数に明確に現れている。2006年5月25日発表の「2005年度人口住宅総調査」（韓国政府統計庁）によれば、韓国の総人口4727万8952人（2005年11月1日現

在)の内、宗教人口＝信仰を持つ人は、2497万人で、全人口の53.1％である。そのうち、仏教が全人口の22.8％、プロテスタントが18.3％、カトリックが10.9％であり、プロテスタントとカトリックあわせたキリスト教信徒は全人口の29％に及んでいる。さらに、キリスト教系の新宗教の一部を含め、あるいはキリスト教信仰を持ちつつもそれを告白できない人とも推計して、より大きな数字を示す統計データも存在する[11]。厳密な数字は別にして、こうした統計データが示すように、韓国社会におけるキリスト教の浸透は、日本のキリスト教の状況と比較して著しいものがあり、説明を要する事態と言わねばならない。なぜなら、キリスト教伝来の当初の段階では、日本と韓国のキリスト教はきわめて類似した状況にあったからである[12]。

　おそらくは、この点を理解するためには、次の二つの要因が考慮されねばならないであろう。一つは、韓国キリスト教が第二次世界大戦前の抗日運動と戦後の民主化運動に対して積極的に関与したことである。韓国キリスト教会は、韓国の近代化の過程で近代的な韓国の民族意識形成の主要な担い手となることによって、民族主義の構成要素の一つとなることになった[13]。その結果、韓国キリスト教は単なる西欧宗教ではないと言い得るであろう。もう一つの要因は、韓国のキリスト教会が、公(政府、地方自治体など)の社会福祉の不備を積極的に補完することによって、韓国社会にその働きを認知されるにいたっている点である。これら二つの要因の内、後者は程度の差こそあれ、韓国以外の地域でも確認できる事態であり、韓国固有の要因としては、前者を挙げるのが適当である。

　以上の日本と韓国に比較して、現代中国におけるキリスト教の実態は把握が困難である。それは、中国のキリスト教が、政府公認の教会と政府非公認の地下教会の二つに分かれ、とくに後者についてはその実態が不明確なためである[14]――7000万人を超えるとの統計データも存在する――。しかし、この状況こそが、現代中国のキリスト教の特徴なのであって、それを規定しているのが、共産党政権下の国家の宗教政策なのである。プロテスタント諸教派が伝道を開始した当初においては、中国のキリスト教は日本や韓国と類似した状況下にあった。しかしその後、中国キリスト教は、共産党政権下に

おいて激動を経験することになる。中国のキリスト教は、文化大革命において、教会の指導層と教会の財産（建物など）を失うなどの大打撃を被ったが、その後の改革開放政策への展開に伴う宗教政策の転換を受けて、しだいに教勢を回復させ、現在急速な発展期を迎えつつある。現在のキリスト教会は、一方に政府に公認され活動を展開しつつある中国基督教三自愛国運動委員会（プロテスタント）と天主教愛国会（カトリック）が、しかし他方には、改革開放後も政府の弾圧下で活動を続けている地下教会（家の教会）が存在し、それぞれ活発に活動を展開しつつある。そしてさらに、知識人層においては「文化キリスト者」が一定の共感を獲得しつつある[15]。

　以上のように、東アジアのキリスト教は、現在、日本、韓国、中国のそれぞれの地域において、きわめて異なった状況下に存在している。宣教当初の共通性から、いかにして、こうした多様なあり方へと分岐することになったのか、という問題は、東アジアのキリスト教についての今後の研究の重要なテーマに他ならない。ここでは、このような多様性について、民族主義との関係という観点からまとめておきたい。

　すでに述べたように、日本におけるキリスト教は、明治以降現在に至るまで、近代日本の民族主義との緊張関係の内に、つまり、一方で、民族主義の圧力の下で圧迫を受け、他方では、民族的伝統的な事柄との距離を意識的に取りつつ存在してきた。もちろん、様々な形での民族的な諸要素との統合の試みはなされてきたものの[16]、基本的にキリスト教は「日本的なもの」の外部あるいは周辺に存在してきたと言ってよいであろう。

　それに対して、中国のキリスト教も民族主義との緊張関係において存在してきた点では、日本のキリスト教と類似しているが、現代の中国キリスト教は、地下教会は別にして、圧倒的な共産党政権の民族主義的国家秩序を受け入れ、その秩序に服することにおいて存在している。つまり、カトリック愛国会がローマ・カトリック教会の秩序よりも、むしろ中国の民族主義の秩序を選択していることは、このことを端的に示している[17]。三自愛国というスローガンを掲げているということは、中国キリスト教会が民族主義的秩序の下に存在しているということに他ならない[18]。中国キリスト教会は、このよ

うにキリスト教的な普遍主義（カトリシズム）を制限する仕方で、民族主義的なイデオロギーの枠組みの内に存在しているわけであるが、もちろん、これは将来的に中国キリスト教が、民族主義との緊張関係に再度立つようになるとの可能性を排除するものではない。

　以上のような、中国と日本における民族主義との緊張関係と比較して、韓国のキリスト教はむしろ、民族主義を積極的に担う仕方で、韓国社会に深く浸透している。ここでの問題は、韓国のキリスト教が、中国の三自愛国教会以上に、民族主義に同化し、キリスト教本来の普遍主義を喪失する恐れがあるという点である。韓国のキリスト教は民族精神を担うことによって、全人口の30％あまりを占めるに至っているわけであるが、今後の課題は、再度この民族主義をいかに乗り越えるのかという点にあると思われる。

## 三　東アジアのキリスト教と公共性の実態

　本節では、東アジアのキリスト教における公共性の多様なあり方を考察し、それを通して、現代の多元的状況下における宗教的寛容性について議論を深める手がかりを探りたい。そのために、まず、「公共性」の意味について、基本的な論点を確認しておきたい。ここでは、齋藤純一『公共性』（岩波書店）による用語解説を参照する[19]。

　齋藤は、「公共性」（publicness）をめぐる現在の錯綜した議論に対して適確な見取り図を提供するに先だって、「公共性」概念が含意する意味として、次の三つを指摘している（齋藤,2000, viii-xi）。第一は、「国家に関係する公的な（official）ものという意味」であり、この意味における「公共性」に対応するものとしては、「信教の自由」（宗教的寛容）を可能にする条件として社会システムに課せられた「政教分離」における、「教」（church）に対する「政」（state）を挙げることができるであろう。「この意味での「公共性」は、強制、権力、義務といった響きをもつはずである」（ibid., ix）との指摘は、その通りであるが、宗教（キリスト教）は、この意味での公共性から区別されるという点で、非公共的、つまり私的なものと規定されることにな

る。第二は、「特定の誰かにではなく、すべての人々に関係する共通のもの（common）という意味」である。後に指摘するように、この意味における「公共性」について留意すべきは、「すべての人びとに関係する共通のもの」に関して、この「すべての人びと」の範囲をどのように設定するかによって、たとえば、宗教的寛容の内容が大きく異なってくるという点である。第三は、「誰に対しても開かれている（open）という意味」であり、ハンナ・アーレントが「公共的」という言葉について論じる「現われの空間」（the space of appearance）は、この意味に対応している。以上について注意すべきは、齋藤が指摘するように、これら三つの意味は論理的に整合的なものとして解されるべきではなく―したがって、これら三つの意味は、「公共性」の完全な定義を与えるものではない―、「公共性」をめぐってなされる様々な言述を整理するための諸規定と考えるべきであるという点である。「いま挙げた三つの意味での『公共性』は互いに抗争する関係にもある」（ibid.）。さらに、「公共性」には、様々な「人びとの間に形成される言論の空間」「公共圏」（複数形）と、この様々な公共圏がメディアを通じて相互に関係し合う「言説のネットワークの総体」（単数形）という二つの次元が含まれ、いずれの場合も、公共性を構成するものとして、言論あるいは言説が挙げられている点にも留意したい[20]。

　以上のように多義的な意味を有する「公共性」は、キリスト教において、いかなる仕方で問題となるのであろうか。キリスト教において、公共的なものを現象させる基盤は何であろうか。おそらく、この点で、第一に指摘すべきものが、「隣人愛」であるということについては、多くの論者の了解を得ることができるであろう[21]。実際、「隣人愛」は、信仰者と他者とを本来的な仕方で関係づける絆を構成している。問題は、公共性の第二の意味についても問われた「すべての人々」の範囲に対応する「隣人」の範囲である。隣人愛は、隣人を宗教共同体内の信仰を共有する「すべての人々」と解する場合には、それは信仰共同体内での相互の助け合いとして具体化することになる（信仰共同内部の公共性）。しかし、隣人の範囲を、信仰共同体内からその外部へと拡張する場合には、隣人愛の射程は、共同体外部へと広がってゆき、

最終的には人類の範囲をも超えることになる。この場合には、共同体外部に広がる公共性の具体化が問われることになり、たとえば先に東アジアのキリスト教の共通性の中で論じた、キリスト教の近代化への寄与（教育、医療、福祉における貢献）となって現象すると言える。こうして、キリスト教における隣人愛は、信仰共同内を核としつつも、基本的に共同体外部へと広がりゆく動態として理解できるであろう。ここから、予想されることは、西欧近代の政教分離システムにおける「私／公」の二分法では、このキリスト教的隣人愛の運動は適切な仕方で捉えられないという点である。キリスト教は、いわば、この「私」と「公」との間を動的に結合し、これらの二項の間の媒介項を構成するものと考えられねばならないであろう。

　このようなキリスト教と公共性との関わりを念頭に置きつつ、次に、東アジアの諸地域におけるキリスト教と公共性の関わりについて、その多様なあり方を概観することにしたい。論者は、これまで日本、韓国、中国のキリスト教について、フィールド調査を実施してきたが、ここでは、このフィールド調査の結果と文献資料とを組み合わせ、日本との対比を行いつつ、中国と韓国のキリスト教会と公共性の関わりについて論じたい[22]。調査は、次の作業仮説によって進められた。つまり、キリスト教会と公共性との関わりは、国家の宗教政策（とくに政教分離制度の実態）、教会の規模、そして教派的背景といった諸要因によって多様なあり方をとる、と。この仮説にしたがい、中国と韓国に関しては、大規模教会（メガ・チャーチ）にしぼって調査が行われた。

　まず、中国であるが、調査は、上海の国際礼拝堂と上海市基督教景林堂で牧師に対する質問紙による聞き取りを行い、併せて、復旦大学のキリスト教研究者にもインタビューを行った——本章の記述は、以下もそうであるが、2006年当時のデータに基づいている——。この二つの教会は、いずれも三自愛国運動に属する、信徒数1万人前後の教会である。1980年以降の国家の宗教政策の転換の中で、苦労して建物を取り戻し、その後着実に規模を拡大しつつ、毎年300〜500名の受洗者を得ている。教会内のグループ活動（日本の、教会学校、聖歌隊、青年会、婦人会、壮年会、高齢者に対する特別プ

ログラムなどに対応する）も盛んであり、教会員の年齢構成や性別も、日本のキリスト教と類似している——中高年の女性が多い——。また、上海市内は、それぞれの教会の担当区域が明確に分けられ、各々の教会は、その担当区域をいくつかの地域に分けて、地域単位の信徒の連絡網を有している。

　こうした教会内の活動（信仰者の交わりと相互の支え合い）は日本や韓国と比べても、大きな違いはないが、重要な相違も存在する。たとえば、教会担当区域内の地域割り活動では、教会員の消息情報の収集や牧師の信徒訪問などが行われるが、その活動は、信仰的な支え合い（祈りと助言）という原則を超えることはない。こうした信徒相互の交わりが、信仰レベルに限定されるという点は——経済的な相互扶助にまでは立ち入らない——、教会相互の関係にも表れている。つまり、教会の活動は基本的に各個教会内で完結し、予算面でも自立している。区域を超えた牧師同士のつながり（信徒情報の交換や講壇交換を含めて）は存在するが、信徒レベルでは、各個教会単位を超えた上海市全体における活動は存在しない。また、教会外への組織的で積極的な伝道も行われていない。

　こうした活動を教会内部において、しかも信仰レベルに完結させている理由としては、国家の宗教政策の影響——信徒レベルでの各個教会を超えた交流の危険視？——、あるいは教会側の自主規制などを挙げることができるかもしれない。いずれにせよ、中国のキリスト教会は、大学を含めた教会外部の団体との関わりは、個人レベル以外には存在せず——日本や韓国の場合のように、キリスト教団体が復旦大学で聖書研究会を組織することはない——、また他の諸宗教との関係はほとんど問題化していないし、意識されていない[23]。教会内と教会外との有機的なつながり存在せず、また教会内でも、その公共性は、経済面を含めた全体的なものとしてではなく、信仰面の関わりに限定されている。一方におけるキリスト教の急速な発展と、他方における伝統的なキリスト教会のあり方（隣人愛から社会実践や伝道活動への展開）とのずれ、という二つの動向が、このままの均衡を将来的にも保ちうるかについては、今後の展開に注目する必要がある。

　韓国のキリスト教においては公共性をめぐる状況はまったく異なってい

る。ソウル市の大規模教会においても、教会内の公共性に関しては、教会の規模の違いにもとづく相違点は存在するものの、日本の場合と内容に関しては基本的に同様の活動が確認できる。しかし、中国や日本の場合と大きく異なるのは、教会外部との関わりである。韓国の大規模教会においては、教会が幼稚園から大学までの教育機関、あるいは病院などの医療機関を有し、また老人ホームや孤児院などの社会福祉的活動、またボランティア活動を積極的に行っている例が見られる。もちろん、すべての韓国の教会がこうした活動全体を行うだけの財政的人材的な力を持っているわけではないが、全般的に大規模教会による対外的な活動はきわめて盛んであり、地域社会における教育、医療、福祉にかなりの貢献を行っていることがわかる。韓国の教会は、前節で見たように民族性の構築に積極的に関与し、さらには教育、医療、福祉の積極的な担い手として政治を補完しているのである。

　しかし、興味深いのは、こうした活動を行う際の具体的な形態である。というのも、こうした対外的な活動を教会が行う場合には、国家や地方自治体との密接な関わり合いや連携が必要になり、それは場合によっては、政教分離の問題と微妙な関係を生じることにもなるからである。ソウル市にあるヨイド純福音教会と永楽教会は、大規模教会の代表と言える教会であり、それぞれ対外的な活動はきわめて活発であるが、ヨイド純福音教会は、教会の対外的な活動（とくに海外における医療や教育の活動）の窓口となるＮＧＯ法人を教会から独立して設立し、教会自体は国内外の公共的なレベルでの活動と間接的な関係にとどまるような仕組みになっている。それに対して、永楽教会の場合は、法人を間に入れることなく、公共的なレベルでの活動について、直接ソウル市と交渉を行っている。これら二つの形態は、キリスト教が教会外へと公共的活動を展開する際のモデルとなるであろう。

　ここで、東アジアのキリスト教と公共性との関係について、まとめでおこう。まず、東アジアの諸地域では、政教分離システムを前提として、キリスト教の公共的な活動が行われている。しかし、その実態はかなり相違している。とくに、注目すべきは中国の場合である。中国では、宗教の側からの政治への干渉が排除されるなど、一面、中国の政教分離は厳密に行われている

――教育、医療、福祉は国家あるいは政治の役割であり、宗教は個人的な内面性にのみ関わる――。しかし、これは国家の宗教政策に基づく宗教に対する政治の強力な干渉において成り立っているのであって、その点では政教分離は危ういバランスの上にあるとも言える。こうした中で、キリスト教と他の諸宗教との対立は顕在化しておらず、また対話の必要性は意識されていない。キリスト教と公共性と関わりは、国家の宗教政策あるいは民族主義との関係によって大きく規定されており、中国キリスト教の最大の問題は、国家と教会の関係であると言える。それに対して、韓国では、キリスト教会は公共性の積極的な担い手として存在し、政治との密接な関係を構築している。日本のキリスト教と比較して、韓国におけるこうした公共性との関わりを可能にしているのは、韓国のキリスト教会の規模の大きさ、そして民族主義との積極的な関わりであろう。ここでも、キリスト教と公共性との関わりは、国家や民族との関係性に規定されていることがわかる。なお、韓国の大規模教会は、その内部に様々な活動がすでに整っているだけに、いわば自己完結的な傾向が強く、他の教派や他の宗教との積極的な対話の必要性の意識は、日本と比べても低いように思われる。

## 四　公共性の生成と宗教

　本節では、これまでの東アジアのキリスト教についての議論をふまえつつ、宗教と公共性との関わりについて、さらに考察を進めてみたい。

　すでに述べたように、西欧近代の政教分離システムは、宗教改革以降の西欧における教派的多元性とその下における教派間対立とを克服し、市民社会の秩序を安定化させるものとして形成された。これは西欧の自由主義的な伝統の基礎となっているが、他方で、立法、行政、司法が管轄する政治の領域、あるいは公教育の領域（公）と、他方における経済や家庭や宗教といった領域（私）とが二元的に分断され、公の領域が個人の利害を超えた正義を規範とするのに対して、私の領域は個人が自らの価値に基づいて追求する幸福（欲望）の領域として位置付けられる。こうした政教分離システムにおいて具現

化された公私二元論は、宗教的信念の多元性における対立レベルとは別の、それに優位するレベルに宗教的利害を超えた正義に基づく秩序を位置付けることによって、国家の干渉から信教の自由を守ると共に、公の秩序を乱すような宗教の介入を排除することによって、教派的多元性に伴う問題に解決を与えたと言える。しかし、このような公私二元論は、西欧の世俗化プロセスを推進する要因となることによって、しだいにその問題性を露呈することになる[24]。最近の共同体論における個人主義的リベラリズム批判[25]は、この西欧近代の「公私二元論」の問題性への批判と解することができる。宗教学者ベラーが提唱する公共哲学は、リベラリズムの個人主義によって、これまで宗教などが担ってきた社会的な連帯や絆が崩壊の危機に陥っており、それが様々社会的病理の原因であると主張し、そして宗教などを基盤にした公共精神、公徳心を再構築することの必要性を論じている。山脇直司は、こうしたベラーらの共同体論のリベラリズム批判には重要な真理契機が存在していることを認めつつも、ベラーとは別の仕方での「私／公共／公の三分法」に基づく公共哲学を提唱する[26]。こうしたリベラリズムと共同体論とのいずれが正しいかの判断は別にして、現代の多元的状況下で、西欧近代の基本的制度としての政教分離のあり方が根本的に問われていることは明らかであろう。

　こうした問題に対して、東アジアのキリスト教から何が見えてくるのであろうか。東アジアの諸地域における公共性の実態は多様なあり方を示しているが、おそらく、そこから確認できるのは、次の点であろう。まず、キリスト教との関わりにおける公共性あるいはキリスト教が担っている公共性とは、親密圏から公共圏までを含み[27]、共同体内から共同体外までに至る「隣人愛」の運動の中に位置している。その点から、キリスト教と公共性との関わりの議論は、リベラリズムか共同体論かのあれかこれかではなく、むしろ、両者を統合するような議論を要求すると言える。次に、こうした隣人愛の運動が生み出す公共性は、公の領域に位置する国家・民族との関わりによって規定される。つまり、キリスト教が関わる公共性の問題は、西欧近代が直面した国家と教会の関係という問題を再度問い直すことを要求するのである。宗教的多元性の状況下での宗教的寛容という問題を掘り下げて論じるのは、

宗教と国家の関係性、そしてこの関係に規定された宗教と公共性が関わりを適切に論じ得るような理論構築が求められるからである。

　本章ではこうした問題について詳細な議論を展開する余裕はないが、今後、こうした理論構築の際に検討すべきいくつかの論点について簡単に触れておきたい。

### （1）公共性の多重性――公共性とは関係概念である――

　先に公共性の一つの含意として、「すべての人びと」に「共通なもの」という意味を挙げたが、この「共通のもの」とは、「すべての人びと」の範囲をどう設定するかによって、多様な形態をとることになる――ここに曖昧さが生じる――。たとえば、キリスト教共同体（教会）は、公私二元論の枠組みにしたがえば、公的領域に属する国家や公共団体に対して、私的領域に位置付けられる。しかし、キリスト教共同体は決して単純に私的領域として規定することはできない。というのも、すでに見たように、東アジアでも、韓国や中国には、メンバー数が数万人を超える教会（メガ・チャーチ）が存在し、多面的な活動を行っており、それは決して個人的な内面の領域のみに限定することはできないからである。キリスト教の場合、共同体内から共同対外へ活動領域を広げる運動がとくに顕著であって、この動向は、公私二元論の枠組みでは捉えることができない。つまり、メガ・チャーチのような大規模の教会は、それを「すべての人びと」（一つの全体）として位置付けるならば、個人としての教会員にとっては、「共通のもの」としての公共性を十分に有していると考えることができるのである――本章では教会内部での活動に対して「公共性」概念を適応してきた――。これは、メガ・チャーチほどの規模を待たない教会共同体に関しても原理的には妥当する議論であり、「共通なもの」という意味での公共性とは、「すべての人びと」の範囲をどのように設定するかに相関した関係概念と言うべきであろう。この視点から言えば、公私二元論における私的領域に位置付けられる宗教についても、その内部での公共性を論じることが可能であり――公共性のもう一つの意味である、「開かれている」こととの関係が問題になるが――、また国民国家の存在

も、国際社会というグローバルな範囲に位置付けるならば、いわば「私的領域」ということになる。したがって、国家と宗教を公私として二元的に単純に分離する見方では、宗教状況の現実性を捉えるには無理があると言わざるを得ない。「私的領域と公的領域との境界は、所与として決定済みのものではなく、不断に構築され変化していくものである」[28]。公的と私的、あるいは公共性は、多様なレベルを相互にリンクさせつつ、多重的多層的に捉えるべきものであり、山脇の「政府の公／民（人々）の公共／私的領域」の相関的三元論は、それを理論化する一つの試みといえよう。

### （２）公共性の生成論

以上のように、宗教的現実の観点から見て、公共性が関係的あるいは多重的なものであるとするならば、公共性についての議論は、さらに公共性の生成論へと展開されねばならない。つまり、私的領域（個人―家族といった親密圏）、公共性（宗教共同体）、公的領域（公共圏）を繋ぐ、下から上への、同時に上から下への双方向的なダイナミズムの中に、公共性の生成を位置付けるという作業である。

本書第一章では、東アジア・キリスト教を家族という視点から分析することによって、家族のメタファー化という問題が論じられたが、家族という視点は、公共性生成のダイナミズムを見る上で重要な手がかりとなる。つまり、「教会という信仰共同体は単なる個人としての信仰者の集合体ではなく、『第三のもの』への共通のコミットメントによって結び直された家族を重要な基盤としているのであって、ここに下からの公共性の原型を見ることができるように思われる」[29]。死者儀礼との関連においてはっきりと確認できるように[31]、「家族」とは、宗教的多元性の状況下における対立が顕在化し寛容が問われる場所であるとともに[30]、公共性の生成基盤と成りうる場なのである。家族と宗教共同体の関わりは、宗教的多元性、対立・抗争、寛容を具体的に論じるための重要な素材であると共に、下からの公共性の構築の原点として位置付けることができるのではないだろうか。宗教共同体の分析を通して、個人―家族の私的レベルと市民社会・国家という公的レベルとを媒介する独

自のレベル（公共性のレベル）の存在を明確化することによって、多元性と寛容性をめぐる議論を一歩前進させることが、今後の研究に求められていると言えよう。

## 五　展望

　本章では、これまで現代の宗教的多元性の状況下での宗教的寛容を論じるために、公共性という視点を設定し、東アジアのキリスト教を具体例として議論を進めてきた。それによって、東アジアのキリスト教が置かれた多様な状況が明らかにされるともに、宗教的寛容との関わりにおいて公共性の議論を構築するための方向性が示された。もちろん、本論は本格的な議論のいわば序論に過ぎないものであり、本論の問題意識の有効性は今後のより包括的な研究によって示されねばならない。その意味で、本論の議論は様々な不十分な点を有しているが、最後に、これからの研究の展望を示すことによって、結びとしたい。

　宗教的寛容が問われる場は、信教の自由のように、国家の法や宗教政策というレベルから、公と私の間に展開する公共性の領域（市民社会）における諸宗教の相互関係、そして家族という親密圏のレベルまで、多岐にわたっており、本論での議論はその一端を扱ったにすぎない。今後の研究は、すでに確認した「公共性」の多層性と生成プロセスを精密に分析することによって、宗教的寛容を可能にする公共性の構造を明確にしなければならない。そのためには、多層的な公共性の各層に即した、宗教的寛容の個別研究を積み上げることが必要になる――論者は、とくに家族あるいは死者儀礼についてこの視点から今後も研究を進める予定である――。

　現代の宗教的多元性の状況下での宗教的寛容を可能にするような公共性を論じるには、どのような政治システム、社会システムを目ざすのかという点に触れざるを得ない。これをキリスト教思想の観点から展開するには、キリスト教的国家論とでも言うべき議論を構築することが必要になり、しかもキリスト教思想の範囲で見ても、多くの選択肢が存在している[31]。論者として

は、この点で、シャンタル・ムフの「ラディカル・デモクラシー」あるいは井上達夫の「公共性の哲学としてのリベラリズム」の構想を、キリスト教思想に媒介する可能性を追求したいと考えている[32]。

　以上の理論的問題を論じる上で、東アジアというフィールドの有する意味は大きい。というのも、東アジアの宗教的状況には、宗教的な多元性と重層性という構造とそれに伴う問題が典型的な仕方で現れているからである。東アジアの宗教的伝統は、宗教的寛容に関わる長い問題の歴史的展開を有しており、キリスト教思想における宗教的寛容論を構築する上で、特にこれまでのキリスト教思想における議論を相対化するために、多くの示唆を与えてくれるように思われる。東アジアの視点から何が言えるのかという点は、今後の研究においても常に留意しなければならない。

## 注

(1) 宗教的寛容をめぐる問題状況については、次の文献を参照。
　　スーザン・メンダス『寛容と自由主義の限界』ナカニシヤ書店、1997年。
　　芦名定道「宗教的寛容・問題群の構造——問題の整理に向けて」(『宗教と寛容』宗教的寛容研究会、2005年、3-6頁)。
(2) 多岐にわたる政教分離の実情については、阿部美哉『政教分離——日本とアメリカにみる宗教の政治性』サイマル出版、1989年、を参照。
(3) リベラリズムとコミュニタリアリズムをめぐる論争は、現在、様々な仕方で公共哲学あるいは公共性論が展開される背景となっている。これは、次に挙げる最近のキリスト教思想や宗教思想における議論でも同様である。
　　稲垣久和『宗教と公共哲学　生活世界のスピリチュアリティ』東京大学出版会、2004年。
　　星川啓慈他『現代世界と宗教の課題　宗教間対話と公共哲学』蒼天社出版、2005年。
　　稲垣久和・金泰昌編『宗教から考える公共性』東京大学出版会、2006年。
(4) この点について、シャンタル・ムフは、次のように論じている。
　　「いかなる合意も、またいかなる客観的かつ差異的なルール体系も、その最も本質的な可能性として、強制という次元を伴っているのである」(ムフ、1998、285)、「われわれに課せられた作業とは、社会的諸関係に本来的に備わっている暴力と敵対性という構成要素を敬遠するのではなく、そうした攻撃的諸力を緩和し転用することのできる諸条件を、また多元主義的民主主義の秩序が可能となる諸条件を、どのようにして創

出するかを思考することにほかならない。」(同書、310)
(5) この「東アジア」という概念については議論すべき問題点が存在しているが、ここでは次の文献を指摘するにとどめたい。
宮嶋博史「東アジアにおける近代化、植民地化をどう捉えるか」(宮嶋博史他編『植民地近代の視座――朝鮮と日本』岩波書店　2004 年、167-192 頁)。
(6) 儒教が宗教であるかをめぐる問題状況については、次の拙論を参照。芦名定道「コラム：儒教は宗教か？」(芦名定道編『比較宗教学への招待――東アジアの視点から』晃洋書房、2006 年、6-7 頁)。
(7) 荒木美智雄は、「民俗宗教としての新宗教」(國學院大學日本文化研究所編『近代化と宗教ブーム』同朋舎、1990 年) において、日本宗教について「三層のモデル」(基層 (folk religion) ／民衆宗教・新宗教 (folk religion) ／ elite, state religion) を指摘しているが (同書、27-32 頁)、各層の内部をどのように規定するかは別にして、日本宗教が多層的であるとの議論は説得的あり、この多層性は日本だけでなく、東アジア (さらなる拡張も可能) にも共有されていると言えよう。
(8) 明治期のキリスト教と儒教との積極的な関わりについては、芦名定道『近代日本とキリスト教思想の可能性――二つの地平が交わるところにて』(三恵社、2016 年) 第三章において、海老名―植村論争との関連において論じられている。
(9) この点については、李大栄「宣教百年を迎える韓国教会の現状と未来」(日本超教派基督教協会編『アジアとキリスト教』星雲社、1987 年、95-98 頁) を参照。この一つの伝道圏という構想は、エキュメニズムにおける宣教論 (自治、自養、自伝の三自を基本にする) の文脈に位置づけることが可能であるが、宣教師の役割を考えるならば、本書が論じる「東アジアのキリスト教」は、大木英夫の「環太平洋地域のプロテスタンティズム」の構想 (古屋安雄／大木英夫『日本の神学』ヨルダン社、1989 年、271-282 頁) へと展開すべきかもしれない。実際、大木は、中国の三自愛国運動に言及している (同書、278-279 頁)。
(10) 東アジア諸地域のキリスト教についての包括的な議論としては、次の文献を参照。
日本基督教団出版局編『アジア・キリスト教の歴史』日本基督教団出版局、1991 年。
David B. Barrett / George T. Kurian / Todd M. Johnson (eds.) , *World Christian Encyclopedia*. vol.1-2, second edition, Oxford University Press, 2001.
(11) ここで紹介した韓国統計庁のデータは、2005 年現在のものであるが、統計データの特性上、データに一定の限界が存在することを忘れることはできない。その点から、他の統計データで補うことが必要になるが、注 10 の『世界キリスト教百科事典』には詳細なデータが掲載されている。この事典の数値については、やや大き目 (キリスト教に数え入れる範囲が広い) との印象が強いが、日本、韓国、中国の相互比較にとっては有用である。
(12) 注 10 の『世界キリスト教百科事典』によれば、1900 年において、韓国のキリスト

教徒は全人口の 0.5％、中国では 0.4％、日本では 1％というように、それぞれの社会における同程度のマイノリティであったという点で、類似の状況にあることがわかる。

(13) 李（1987）のほかに、池明観『アジア宗教と福音の論理』（新教出版社、1970 年）も参照。

(14) 現在の中国キリスト教が、大まかに言って、愛国教会（中国三自愛国運動委員会と天主教愛国会）と地下教会（家庭教会）にわかれることは、これまでもしばしば指摘されてきたことであるが、当然のことながら、後者の実態については多くの点が不明のままにとどまっている。次の文献を参照。

　　丁光訓他『中国のキリスト者はかく信ず』宍戸寛他訳、新教出版社、1984 年。
　　レイモンド・フン『中国の家の教会　文化大革命を生きぬいたキリスト者』NCC キリスト教アジア資料センター訳、新教出版社、1984 年。
　　Bob Whyte, Three Self Revisited, in:Werner Ustof, Toshiko Murayama (eds.), *Identity and Marginality. Rethinking Christianity in North East Asia*, Peter Lang 2000, pp.99-112.

　　なお、中国キリスト教会の状況については、松谷曄介の連載「中国教会通信」（2014年 2 月号から『福音と世界』新教出版社、に掲載）を参照。

(15) 「文化キリスト者」（Culture Christians）とは、大学などに関わる知識人で、教会には所属しないが、個人の生き方としてキリスト教的倫理や価値観を受け入れている人々を意味している。これは、現代中国における「儒教的キリスト」の試みとも関連している。

　　Xinzhong Yao, Confucian Christ: A Chinese Image of Christianity, in:Ustof/Murayama (2000), pp.27-39.
　　Edmond Tang, The Second Chinese Enlightenment: Intellectuals and Christianity Today, in:Ustof/Murayama (2000), pp.55-70.

(16) これは、内村鑑三や海老名弾正らにおいて広範に見られる明治キリスト教における「日本的キリスト教」の試みとその挫折において確認することができる。その点で、次の文献は興味深い。

　　マーク・R・マリンズ『メイド・イン・ジャパンのキリスト教』、トランスビュー、2005 年。

(17) 2006 年になって報道されている司教叙階をめぐる中国政府とローマ教皇庁との不和（「世界キリスト教情報」第 805 信（週刊・総合版）、2006 年 6 月 5 日）は、この問題を改めて浮き彫りにした。この状況は、現在も継続的に進行中である。

(18) 三自（自養、自伝、自治）は、現代の中国基督教三自愛国運動のスローガンであるが、これは、1920 年代のキリスト教本色化運動においても、掲げられたものであって、中国における民族主義的なキリスト教運動を貫く思想である。この点については、現代キリスト教思想研究会の電子ジャーナル『アジア・キリスト教・多元性』に収録

された徐亦猛の諸論考を参照（https://sites.google.com/site/kyotochristianstudies/home/asia/journals）。しかし、19世紀の中国におけるキリスト教宣教史からわかることは、この「三自」という宣教分針は、19世紀後半に中国宣教に従事し、その後韓国キリスト教会の宣教方針に影響を与えた、ジョン・リヴィングストン・ネヴィウス（John Livingston Nevius, 1829-1893）が、主張したものであるという点である。次の文献を参照。

    Charles Allen Clark, *The Korean Church and the Nevius Methods*, Fleming H. Revell, 1928.

19世紀に中国伝道で宣教師が採用した宣教方針が、1920年代にはキリスト教本色化運動の基本方針となり、それが現代中国の三自愛国教会のスローガンとなる、という経過は、まさに中国キリスト教における民族主義的方向性の歴史的展開であり、「三自」の変容を確認することができる。

(19) 公共性をめぐる諸問題については、次の文献も参照。
    安彦一恵・谷本光男編『公共性の哲学を学ぶ人のために』世界思想社　2004年。
    今出敏彦「公共性の理解のために」（宗教的寛容研究会『宗教と公共性』2006年、9-19頁。
    井上達夫編『公共性の法哲学』ナカニシヤ出版、2006年。

(20) 山脇直司『公共哲学とは何か』ちくま新書、2004年、128-139頁、を参照。

(21) 隣人愛の公共的意義を考えるに当たって、次の議論は示唆的である。「キリスト教とはこういうことをするものなのだ、という基本的な了解」を、ユリアノスは知っており、それを「他者に対する人類愛」と呼んだ（田川建三『キリスト教思想への招待』勁草書房、2004年、127頁）。「一つの非常に大きな飛躍がある。自分たちの小人数の仲間内の助け合いの倫理から、世の中すべての人々へと眼を向けていく助け合いへと」（143頁）。また、聖書学的な隣人愛の議論としては、辻学『隣人愛のはじまり——聖書学的考察』新教出版社、2010年、も参照。

(22) 東アジア・キリスト教の実証的な研究を行う場合、いくつかのタイプの異なる資料を相互参照的に使用することが必要である。本論でも、統計的データや文献データ（一次資料と二次的研究文献）とを参照しつつ、議論を進めてきたが、こうした諸資料は、さらにフィールド調査によってチェックされねばならない。本論の議論のために行われた調査は下記の通りである。

キリスト教会の死者儀礼についての聞き取り調査。2003年に、香川県善通寺市（7月31日～8月2日）、栃木県小山市・足利市（8月11日～13日）、奈良市（8月21日）、韓国釜山市（11月1日～5日）において。

キリスト教と公共性の関係についての聞き取り調査。韓国釜山市（2004年10月23日）、中国上海市（2006年1月3日～6日）、韓国ソウル市（2006年2月14日～17日）において。

(23) 中国上海市におけるフィールド調査では、聞き取り行った牧師と信徒から、家族内においては死者儀礼に関わる対立は存在しないという説明を受けた。この説明がどの程度一般化できるかについては今後のさらなる調査が必要であるが、これが日本や韓国の場合と大きく異なっていることについては、中国において国家の強力な宗教政策下で諸宗教間の対立がいわば押さえ込まれていることの現れと解釈できるかもしれない。
(24) 社会学者ウルリッヒ・ベックは、「世俗化のパラドックス」という事態（「世俗化が」「いかに宗教に大きな益をもたらしたと見なしうるか、また見なさねばならないか」）を指摘しているが、近代化も世俗化も単一のものではなく、「多系的」(multiple) なものと考える必要がある。Ulrich Beck, *Der eigene Gott. Friedensfähigkeit und Gewaltpotential der Religionen*, Verlag der Weltreligionen, 2008, S.40,58.（ウルリッヒ・ベック『〈私〉だけの神――平和と暴力のはざまにある宗教』岩波書店、2011 年、38、57 頁。）
(25) 井上達夫『他者への自由――公共性の哲学としてのリベラリズム』創文社、1995 年、125-134 頁、を参照。
(26) 山脇（2004、21-32）。
(27) 親密圏については、公共性論の古典といえるハーバーマスの『公共性の構造転換』(1962 年) で「家族的親密圏」として論じられているが、これをめぐる最近の議論としては、次の文献を参照。
　　　齋藤純一編『親密圏のポリティックス』ナカニシヤ書店　2003 年
(28) シャンタル・ムフ『政治的なるものの再興』日本経済評論社、1998 年、102 頁。
(29) 芦名定道「第 2 章　家族の危機と再生――第 3 講　思想」（芦名定道・土井健司・辻学『改訂新版　現代を生きるキリスト教』教文館、2004 年、154-155 頁）。
(30) 死者儀礼などに関連した家族と対立や寛容の不在の問題については、東京基督教大学紀要『キリスト教と世界』に掲載の櫻井圀郎による論文を参照。
　　　「葬送法上の問題（一）」（第 11 号、2001 年、24-49 頁）、「親族にかかわる法と祖先崇拝」（第 12 号、2002 年、1-33 頁）、「日本人の宗教観と祖先崇拝の構造」（第 13 号、2003 年、44-81 頁）、「神への礼拝と死者の慰霊」（第 14 号、2004 年、1-33 頁）。
(31) キリスト教と国家・政治をめぐる論者自身の研究については、次の論文を参照いただきたい。
　　　芦名定道「近代キリスト教思想と政治思想――序論的考察」（京都大学基督教学会『基督教学研究』第 28 号、2008 年、175-197 頁）、「キリスト教政治思想の可能性」（現代キリスト教思想研究会『キリスト教思想と国家・政治論』2009 年、3-26 頁）。
(32) シャンタル・ムフの「ラディカル・デモクラシー」あるいは井上達夫の「公共性の哲学としてのリベラリズム」については、今後の批判的な検討が必要なことは、言うまでもないが、検討に値する政治思想構想であると思われる。それぞれ、ムフ（1998）、

井上（1999）を参照。

## 第四章

## アジアのキリスト教とナショナリズム
―内村鑑三の非戦論との関連で―

## 一　はじめに

　東アジアに属する日本、中国、韓国などの諸国家あるいは諸地域は、近代以降、ローマ・カトリック教会だけでなく、プロテスタント諸教派による宣教対象地域となり、現在に至っている。近代初頭のキリスト教が置かれた類似した状況と比較して[1]、現在の東アジアにおけるキリスト教の状況はきわめて多様であり[2]、その解明と理解には多角的で集中的な共同研究が必要と思われる。本章では、このキリスト教の多様性がそれぞれの国家・地域とナショナリズムの関連において解釈できるとの仮説に立って、キリスト教と国家・民族との関連へと考察を進めてみたい（第三章の展開）。

　そのために取りあげられるのが、内村鑑三による非戦論に関わる一連の論考である。内村鑑三については、近年も継続的に研究の蓄積がなされてきており[3]、その中でも戦争と平和をめぐる問題あるいは非戦論は、中心的な研究テーマとなっている。本章においても、これらの研究が前提とされるが、内村研究を包括的に参照することはできない。また、内村からの引用は、主に『内村鑑三選集』（全8巻、別巻1。岩波書店、1990年）の第2巻『非戦論』から行われる―引用箇所は丸括弧内に頁数のみを示す―。これらの点で、本章は「研究ノート」と言うべきものであり、内村を取りあげる意図は内村の専門研究を提出することではなく、内村を本章の問題設定の参照点として考察を進めることにある。本章は「東アジアのキリスト教とナショナリズム」という問題連関において民族あるいは国家を問題にするが、内村にナショナ

リズムや民族主義を読み込むことには慎重でありたい[4]。その点でも、本章は緻密に練り上げられた問題設定によって明確な結論を目指すものではなく、試論にとどまる。

　以下、次の順序で考察が進められる。まず、東アジアにおけるキリスト教の多様性とナショナリズムとの関わりを概観し、次に、内村鑑三の戦争論をその展開過程に即して分析し、内村の非戦論の内容を確認する。続いて、内村の非戦論を愛国のメタファー化として解釈し、最後に、以上の考察から東アジアのキリスト教を論じる際の意義について若干の指摘を行うことによってむすびとしたい。

## 二　東アジアとキリスト教

　近年、東アジアについては、儒教文化圏や漢字文化圏といった仕方で、広域的な文化的共通性が問題にされることがあるが、これは、東アジアの宗教状況とも無関係ではない。東アジアの諸地域の間には、古代から政治や文化はもちろん、宗教に関しても広範な相互交流が存在しており、近代のキリスト教伝播以前の段階ですでに、東アジアには、「基層宗教／民族宗教／世界宗教」と図式化できるような共通の重層構造が存在し、また、宗教的制度としての「家」が重要な位置を占めていた[5]。しかし、19世紀中頃以降、西欧列強の進出とそれに促された近代化という歴史的状況の中で、キリスト教（とくにプロテスタント諸教派）が伝播されることによって、東アジアの宗教文化状況は急速に流動化することになる。

　「東アジアの宗教動向」[6]を概観するだけでも、様々な興味深い論点を見出すことができる。たとえば、日本における仏教が民俗宗教的な性格などを有することもその一例であるが、本章のテーマとの関連で重要なのは、現在の東アジアのキリスト教の多様なあり方は、決して自明なものではなく、それ自体が解明を要する問いであるという点である。もちろん、東アジアのキリスト教の多様性に関しては、多くの要因を考慮することが必要であるが、ここでとくに強調したいのは、キリスト教の多様性を近代以降のナショナリ

ズムとキリスト教との関係性という観点から整理することの重要性である。1900年頃に、中国、韓国、日本のキリスト教は伝統的な宗教文化との関わりで共通の問題に直面し、それぞれの地域における浸透度についても類似の状況にあった。しかし、それから100年が経過した現在、これら三つの地域におけるキリスト教の現実は大きく異なってしまっている。本章で採用する仮説は、これらの現状の相違がそれぞれの地域におけるキリスト教とナショナリズムとの関係性に相関している、というものである。もちろん、「ナショナリズム」とは何かといった前提的な問いが十分に論じられるべきではあるが、ここでは、韓国のプロテスタント受容期において「キリスト教がすでに、いわば民族宗教化しつつあった」という柳東植の見解、つまり、「最も普遍主義的であるべきキリスト教が、朝鮮にあっては逆に民族主義的な宗教になった」という主張などが、念頭に置かれている点を指摘しておきたい[7]。問題の単純化を恐れずに図式化するならば──ここでその論証を行うことはできないが──、ナショナリズムと緊密な関係を持つことによって民族意識自体の構成要素の一つとなった韓国キリスト教と、それに対して、ナショナリズムとの対立（ナショナリズムからの圧迫）あるいは民族的なものからの意識的な差異化を基調としている日本キリスト教の二つを両極として、その中間に中国キリスト教が位置するという構図を描くことができるであろう。

　ナショナリズムあるいは民族主義は、東アジアだけの問題ではなく、いわば現代世界のグローバルな問題状況に属するものである[8]。しかし、東アジアにおける国家・民族の問題は、この地域のキリスト教の多様性との関連性からわかるように、宗教文化的状況と密接に結びついており、このナショナリズムとの関わりからアプローチすることによって、現代における宗教的寛容や対話の意義についても議論の進展が期待できるのではないだろうか。東アジアのキリスト教は、ナショナリズムとの関連において東アジアの多元的状況を分析する際の重要な視角となるのである。

## 三　内村鑑三の非戦論とその展開

　本章では、東アジアにおけるキリスト教とナショナリズムとの関わりについて考えるために、明治キリスト教の代表的思想家である内村鑑三を取り上げることにしたい。内村鑑三と言えば、不敬事件（1891年1月9日）——勅語奉読式において、明治天皇の署名入りの勅語に対する拝礼をためらい明確なお辞儀をしなかった——、あるいは日露戦争期以降の非戦論が思い起こされるのではないだろうか。こうした点からわかるように、内村鑑三は同時代のナショナリズムとしばしば軋轢を起こしながら、近代日本の戦争政策を批判しつつ、キリスト者として信仰を貫いた人物であり、一見すると、内村は反ナショナリストまた反民族主義者であったかのように見えるかもしれない。しかし注意すべきは、内村という人物はナショナリズムとの単なる対立においてのみ捉えることはできないという点である。次に引用する内村の有名な「二つのJ」（JesusとJapanへの愛）という言葉が示しているように——「わたしは二つのJを愛する、その他を愛さない。一つはイエス（Jesus）、一つは日本（Japan）である」（『世界のなかの日本』（内村鑑三選集4、306頁）——、内村は、キリスト者でありつつも、生涯日本を愛することをやめなかった人物なのである。その点で、彼は一貫して愛国者であったと言わざるを得ない。

> I am a Christian and I am a Japanese. In my former capacity, I am to be a citizen of the world, a brother of men, an appreciator of all that is good, and beautiful, and lovable in the world. In my latter capacity, I am an Oriental and Asiatic, a near kinsman of the despised Chinese and a yoke-fellow of the down-trodden Hindoo, an heir to all the mysteries of the faiths that were reared on this side of the Suliman Range.（『内村鑑三全集5』岩波書店、1981年、386頁）

　この引用文冒頭の「私はキリスト教徒である、そして日本人である」は、

「二つのＪ」の簡潔な表現の一つであり、この引用文には「日本」が東洋あるいはアジアと関連づけて捉えられていることなど留意すべき論点が存在する。ここでは、キリスト者としてのアイデンティティの原点を構成する「イエス」への関与（信仰）と自らが帰属する国家・国民としての「日本」という二つのものが緊張関係あるいは対立関係にあると見なされていた歴史的状況において、この「二つのＪ」が表明された点に注目したい。内村はこの歴史的状況下でイエスと日本の双方をどのようにして同時に愛することができたのであろうか。これは、東アジアにおけるキリスト教と民族との関わりを考察する上で重要な手がかりとなることが期待される。この問題を検討するために、以下、内村鑑三の戦争論の展開、つまり、義戦論から非戦論への移行を三つのステップにわけて整理し、非戦論についての考察を行ってみたい。

　まず内村の戦争論の出発点は、日清戦争（明治27〜28年／1894〜95年）に関する義戦論であった。「日清戦争の義（訳文）」（明治27年9月3日。『国民之友』234号）において、「日本は東洋に於ける進歩主義の戦士なり」(18)という立場から、「吾人は朝鮮戦争を以て義戦なりと論定せり、其然るは戦争局を結て後に最も明白なるべし」(19)と、日清戦争の正義性を内外に向かって主張し、「日清戦争の目的如何」（明治27年10月3日。『国民之友』237号）においては、次の三つの項目について、日清戦争の義を説明している。

　　「一、朝鮮の独立を確定するにあり、」「二、支那を懲誡し之をして再び頭を擡げ得ざらしむるにあり、」「三、文化を東洋に施き、永く其平和を計るにあり、」(20)

日清戦争が義戦であると言っても、それは侵略戦争を正当化しようとの意図ではない。内村が義と認める日清戦争は「亜細亜の救主」として「支那其物と戦ふにあらずして」(24)、北京政府との戦争であり、「要は支那を覚醒する」(27)ことにあるのである。封建的な北京政府と戦争し中国を近代精神へと啓蒙すること、そして朝鮮の独立を確保すること、これが日清戦争の

義にほかならない——その前提の一つは、北京政府と中国との区別であり、それは、当然明治政府と日本との区別をも含意することになる——。

内村の「日清戦争＝義戦論」という認識自体は、当時、キリスト教界を含め広く共有されていた立場であり[9]、それは、「富国強兵＝近代化＝進歩＝善」という日本の近代化イデオロギーの典型である。なお、内村の場合、義戦論の背後には、歴史学的地政学的な議論が存在する点に注目すべきであろう[10]。

しかし、この義戦論は、日清戦争後に全面的な転換を余儀なくされることになる。たとえば、「猛省（英文）」（明治30年12月14-16日。『万朝報』）では、「下関条約は平和の条約ではなかった」、「あれは義戦として始まったが、欲戦として終わったのだ」(33) と述べられる。つまり、朝鮮の独立のために北京政府と戦い、中国を旧い封建的状況から近代的精神性に覚醒させるという「高貴な動機」(31) は、「まず指導者たち、ついで軍人、そしてついには全国民」の「変節」によって単なる「口実」(32) であったことが顕わになったのである。この「恥辱の責任」は、「世界に対しては、国家としての日本にある。しかし国家に対しては通常藩閥政府と呼ばれる薩長政権にある」(34-35) のであって、内村は、明治政府の近代化政策自体と批判的に対峙することになる。内村自身は、この猛省にしたがって、「誤っていたことを悔い改め、われわれが高貴であることを止めた所から始める」(36)、つまり、キリスト教思想の根本に帰って、戦争論の再考を試みるのである。しかし、この再考は一挙に進んだわけではなく——たとえば、日清戦争は義戦でないとしても、義戦自体の可能性については問題が残る——、また新たな問題が生じることになるが、これについては後に論じることにして、ここでは、日露戦争（明治37〜38年／1904〜05年）期の非戦論の内容を確認することにしたい。

「戦争廃止論」（明治36年6月30日。『万朝報』）で、内村は明治政府の戦争政策への反対の立場を明確に表明する。

「余は日露非開戦論者である許りでない、戦争絶対的廃止論者である、

戦争は人を殺すことである、爾うして人を殺すことは大罪悪である、爾うして大罪悪を犯して個人も国家も永久に利益を収め得やう筈はない」(50)、「戦争廃止論は今や文明国の識者の輿論となりつつある、爾うして戦争廃止論の声の揚らない国は未開国である、然り、野蛮国である。」(51)

　義戦論が進歩的近代（啓蒙主義）の立場から述べられていたのに対して、ここでは、戦争廃止論こそが文明国の指標であり、主戦論の方が未開で野蛮という仕方で、議論が逆転することになる。
　内村の戦争論の展開は以上の三つの段階にまとめられるが、問題は、なぜ義戦論から非戦論への転換がなされたのかである。これについて、内村は、「余が非戦論者となりし由来」（明治37年9月22日。『聖書之研究』五六号）において、「私も武士の家に生れた者でありまして、戦争は私に取りましては祖先伝来の職業であります」、「然るに近頃に至りまして、戦争に関する私の考へは全く一変しました」(160)と述べた上で、戦争論を義戦論から非戦論へ一変させた「充分なる適当の理由」として、次の四つを挙げている。すなわち、「聖書」特に新約聖書の研究、「無抵抗主義の利益」の「実験」(161)、「日清戦争の結果」、「The Springfield Republicanと云ふ新聞」の影響(162)。そして、さらに内村は、これら「四つのもの」が重なる者として、「スペンサー氏の戦争に関する意見」を挙げる。これらの理由は、キリスト教平和思想あるいは聖書研究、平和主義一般、そして歴史的事実と内村の実験という三つの観点から整理できるであろう。その中でも、まず非戦論への移行を促した要因として注目すべきは、キリスト教平和思想、特に聖書研究である。それは、「平和の福音（絶対的非戦主義）」（明治36年9月17日。『聖書之研究』44号）に、「聖書の、殊に新約聖書の、此事に関して私共に命ずる所は唯一つであります、即ち絶対的の平和であります」(59)と述べられる通りである。

　「世に『義戦』ありといふ説は今や平和の主を仰ぐキリスト信者の口に

上すべからざるものであります、私自身は今は絶対的非戦論者であります、然し世には未だ斯くまでに断言することの出来ないキリスト信者があります。」(60)

　キリスト教が平和主義―「非戦主義とは平和主義の意でありまして之を非戦といふは平和の消極的一面をいふのであります」―を取る根拠は、「クリスマス演説　平和と争闘」(明治35年12月25日。『聖書之研究』30号)において、「キリストの此世に来り給ひしは平和を来たすため」(45)と述べられた点に存するのであり、これを根拠として、「基督信者は無抵抗主義を執る者」(47)であると言うことが可能になるのである。この議論は一見あたりまえと思われるかもしれないが、実は大きな問題を孕んでいる。
　しかしそれを論じる前に、内村が挙げる平和主義の一般的な議論を見ておくことにしよう。取り上げるのは、英文で書かれ、The Kobe Chronicle誌に掲載された「自然界における戦争 (英文)」(明治37年4月5日。The Kobe Chronicle)と「歴史における戦争 (英文)」(明治37年4月13日。The Kobe Chronicle) という対をなす論考である。これらの論考は、自然界あるいは歴史の事象を論拠とした戦争肯定論を論駁するという展開になっており、問題となるのは、戦争に対する「純粋道徳」的な論点ではなく、戦争の実利的な有益性という論点である。すなわち、戦争は道徳的には悪であるとしても、人類の進歩 (科学技術の発展) にとって有益であるという議論、たとえば、それは強い動物が勝ち残るという進化論解釈、あるいは戦争によって他民族を征服する民族が栄えるという歴史法則理解に基づく戦争肯定論である。これに対する内村の反論は明瞭である。「その法則は『適者生存』であって、『強者生存』ではない」(111)、と。むしろ、「肉食獣が絶滅の運命にあるのに対して、草食動物はますます増えていくことを自然界のすべてのものが示している」(112)、「自然界におけると同様に、歴史においても、平和の方が戦争よりも民族の発展の上で遙かにすぐれた要素である」(114)ことは「無抵抗の宗教が発展してきた歴史」(116)が示す通りである、というのが内村の主張にほかならない[11]。

以上のように、内村の非戦論は、聖書研究に基づくキリスト教的論拠と一般的な論拠とを組み合わすことによって展開されているが、このキリスト教的論拠は奇異なる事態を生み出すことになる。それは、本来平和主義であるはずのキリスト教が現実には主戦論を唱え、非キリスト教者が非戦論者となるという逆転である。この歴史的パラドックスを、内村は「奇異なる現象」「奇態なる事」と呼んで、次のように指摘している。

　まず、「奇異なる現象」（明治38年3月20日。『聖書之研究』62号）では、「今や非戦論者は無神論者の中に多くして、基督教信者は概して主戦論者なり」、「基督教信者、堕落を極めし乎」、「余輩は基督教を棄つる能はず、故に止むを得ず、今日世に称する基督教信者なる者を排斥せんと欲す」（179）と、また、この半年後の「秋の到来」（明治38年9月10日。『新希望』67号）でも、「奇態なる事には孰れの国に於ても戦争賞讃者の多くは基督教の教師であるとのことであります、今や無神論者、社会主義者、さては商人、製造家等が続々として非戦論者の列に加はりつつある」（185）、「私は此無神哲学者の方が今日の教会信者の多数よりも優かにキリストの聖旨に合ふた人であると思ひます」（186）と述べられている。

　同様の指摘は、「日露戦争より余が受けし利益」（明治38年11月10日。『新希望』69号）でも繰り返されているが、以上の引用文最後の「此無神哲学者（「英国の名士モノキュア・コンウェイ」。引用者補足）の方が今日の教会信者の多数よりも優かにキリストの聖旨に合ふた人である」という指摘はどのように解すべきであろうか。これを突き詰めるならば、キリスト教とは何か、キリスト教徒とは誰か、という問いが浮上せざるを得ない。「真のキリスト教＝現実のキリスト教会」という等式が単純にまた完全には成立しない歴史的事態について、キリスト教はどう考えどう答えるべきか。内村は、日露戦争に先立つ「平和の福音（絶対的非戦主義）」（明治36年9月17日。『聖書之研究』44号）で、すでに「聖書に照らして見て英国も米国も露国も仏国も基督教国ではありません」（63）と述べており、これは無教会主義の論理とも無関係ではない。しかし、この歴史的パラドックスに直面しても、内村のキリスト教信仰は揺らぐどころか――「愛の神は政治家輩の思ひに過ぎ

て不朽の結果を此戦争より日本に持来し給ふに相違ない」(「基督教の趨勢」(明治38年2月20日。『聖書之研究』61号)、174)――、むしろこの歴史を目撃したことを「利益」と了解することができたのである。だれが尊敬すべき友人であるかはキリスト教徒と非キリスト教徒の区別によるのではなく、戦争に対する態度によるという判断基準、これが明瞭になったことが、日露戦争から内村が受けた利益の一つだったのである。

　「彼（戦争を好む人。引用者補足）が基督信者であらふが、あるまいが、慈善家であらふが、あるまいが、私の友人ではありません」、「彼（戦争を嫌ふ人。引用者補足）が不可思議論者であらふが、或ひは甚だしきに至つて無神論者であらふが、私の尊敬する友人であります。」(「日露戦争より余が受けし利益」、209)

　以上が内村における戦争論の展開の概要であるが、いくつかの論点を追加しておきたい。これまでの議論からわかるように、内村の非戦論は日清戦争から日露戦争後に至る歴史的状況の中で精密化し、同時に問題を内包することになる。たとえば非戦論者のなすべき事柄を、「戦争前／戦争中／戦争後」の状況の推移の中で論じるという問題であり、非戦論は個々の歴史的状況を超えたキリスト教のメッセージに連なりつつも、歴史のそのときどきの「今」（＝カイロス）における適切性が問われねばならないのである。実際内村は、次のように随所で「時」に言及しており（関連部分に下線）、それによって「戦争前／戦争中／戦争後」に応じた非戦論者の適切な行為は異なることが示唆されている。これは、内村の非戦論の展開と解釈できるであろう。

　「戦争の悪事なると否とは今や論争すべき<u>時</u>に非ず、<u>今</u>は祈祷に時なり」（「国難に際して読者諸君に告ぐ」(明治37年2月18日。『聖書之研究』49号)、106)。
　「我儕基督信者は<u>戦時</u>に於ては殆んど用の無い者であります、然し<u>戦後に</u>於ては多少役に立つ者であります」、「我儕は<u>今</u>は心を静かにして戦後

の御用を待ちつつあります」(「戦時に於ける我儕」(明治37年3月17日。『聖書之研究』50号)、109)。
「私共は<u>戦争が始まりたれば</u>とて私共の非戦主義を廃めません」(128)、「出征兵士の遺族の慰問」(130)、「<u>今の時</u>は平和主義者の活動の時ではありません」、「私共の労役の要求さるる<u>時</u>を静かに待つて居れば宜いのであります」(132)(「戦時に於ける非戦論者の態度」(明治37年4月21日。『聖書之研究』51号)、133)。

　この歴史の「今」における適切性という観点から見て、内村の非戦論に問題はないのであろうか。内村の非戦論は平和主義者としての実践の内実という観点から問われるべきであり、20世紀のほかの平和主義との比較研究によって、その評価を行うことが必要なのである[12]。
　次に指摘したいのは、内村の非戦論から、弱者の視点・庶民の視点を読み取ることができるという点である。明治期のキリスト教指導者が旧武士階級の出身であり、武士道とキリスト教との積極的な関係性が意識されていたことはこれまでしばしば指摘されてきた[13]。内村もこの点で代表的な人物の一人に数えられる。しかし、義戦論から非戦論へ至る戦争論の展開は、内村のキリスト教がいわゆる「武士的」とは異なる特徴を有することを示唆している。それは、いわば弱者の視点、庶民の視点からのキリスト教であり、日清日露戦争が庶民や弱者にいかなる悲惨さをもたらしたかについて、内村が共感的な眼差しを有していることを示している。もちろん、内村が武士的な立場を完全に脱却したとすることは早計であるが、しかし、内村が別の視点を獲得しつつあったことに十分留意すべきであろう。このことは、本章の主要テキストである『非戦論』に収録された、「寡婦の除夜」(明治29年12月25日。『福音新報』78号)あるいは「寡婦の声」(明治38年1月20日。『聖書之研究』60号)などから読み取ることができる。日本国中が戦勝に沸いた日清日露戦争が、庶民にとっていったい何であったのかということを内村は見逃してはいなかったことがわかる[14]。この庶民の視点こそが、内村の戦争論の転換を「実験」レベルで支えていたものだったのではないだろうか。これ

は、「微なる非戦論」（明治38年1月20日。『聖書之研究』60号）で、「非戦の声は微なり」、「彼女（寡婦。引用者補足）の心底に微なる非戦の声揚る」（170）という仕方で、非戦論自体と結びつけられていたのである。また、この庶民の視点は、「感謝すべきは実に天然であつて政治家ではない」、「天は豊年を賜ふて大に平民を益し給ふた」（「豊年と平和」（明治36年9月7日。『万朝報』）、58）からも読み取れることができるかもしれない。

## 四　自己超越的ナショナリズムと愛国のメタファー化

　これまでの議論のポイントは次の二点である。一．内村は「二つのJ」という基本的態度を生涯保持している。内村は愛国者であり続けた。二．義戦論から非戦論への展開が示すように内村の戦争論には大きな転換が見られる。それは、一つの理論・学説の転換というよりも、もっと根本的なレベルにおける転換と言わねばならない。

　これら――一方における一貫性と他方における転換――を前提にして、次に問題としたいのは、「国あるいは民族を愛する」という場合の「愛」の意味内容である。以下においては、内村を自己超越的ナショナリズムと愛国のメタファー化という観点から解釈するという仕方で、議論を進めたい。なお、内村に関してナショナリズムという言い方が妥当するかについては問題が残るが、ここでは、ナショナリズムを民族主義をも包括し得るものとして広義に解しておきたい[15]。

　まず、先に取りあげた「二つのJ」から始めよう。ポイントは、「イエス」（キリスト教）と「日本」の関係である。「日本」とは、内村が生まれ育ってきた歴史的環境であり、内村の人生・生命・生活が具体的な形をとる場、いわば、内村の生に意味と力を与え、その具体的内実を支えてきた象徴体系の源泉としての実体原理である[16]。それを愛することは内村にとってきわめて自然なこと――自己肯定・自己愛と同じレベル――である。実際、内村は愛国者であり[17]、先に述べた意味でナショナリストであるということになる。

　しかし、「日本」と「と」で結ばれた愛の対象である「イエス」は、単に

「日本」と同列に並べられているわけではない。内村の墓碑銘に刻まれたことでも有名な、「I for Japan; Japan for the World; The World for Christ; And All for God.」という言葉からもわかるように、イエス・キリストあるいは神は、言わば「日本」の上位に置かれている。キリストあるいは神が上位に置かれているということは、たとえばもし「日本」が進むべき道を誤ったならば、キリスト者は、「イエス」「神」という視点から現実の日本のあり方を批判する義務を負っていることを意味する。これは、先の実体原理に対して、批判原理と言うべきあり、「足尾銅山鉱毒事件は大日本帝国の大汚点なり」（「鉱毒地巡遊記」）という主張はその具体的な表現と言える。こうして、「民族」「ナショナリズム」という概念の中に、逸脱として批判されるべき現実のナショナリズムと本来の目ざすべきナショナリズムという二重性が生じることになる―厳密に言えば、これは内村のテキストレベルにおいて「民族」「ナショナリズム」がテーマ化されているというよりも、内村のテキスト解釈のために設定された外部視点である[18]―。この構造は、カント哲学の言い方を借りれば、幸福と正義（福と徳）との関係に関連しており、またキリスト教における隣人愛と神への愛の関係とも結びつけることができる。

　このようにナショナリズムが現実の逸脱した形態と本来の目ざすべき形態とに二重化するとき[19]、それに伴って、愛する国の具体的内実が決定的な問題となる。明治以来の日本の近代化がめざしてきたのは、富国強兵というスローガンで示されるような「強国」（経済的政治的軍事的）であり、その基本は現在もおそらく変わりないであろう。しかし、次の引用が示すように、内村が理想とした国家とは経済大国や軍事大国ではなく、農業を中心とした非軍事的な小国だったのある。

　　「第一に戦敗必しも不幸にあらざる事を教へます。国は戦争に負けても亡びません、実に戦争に勝つて亡びた国は歴史上決して勘くないのであります、国の興亡は戦争の勝敗に因りません、其の民の平素の修養に因ります、善き宗教、善き道徳、善き精神ありて国は戦争に負けても衰へません、否な、其の正反対が事実であります」、「国の実力は軍隊ではあり

ません、軍艦ではありません、将た又金ではありません、銀ではありません、信仰であります。」(「デンマルク国の話」1911 年 (『後世への最大遺物・デンマルク国の話』岩波文庫) 81、82 頁)

　いかなる国を目ざすのかという判断は、国家の繁栄や国民の幸福をどのような尺度で測るのか——理想概念——に依存する[20]。内村にとって、その尺度とは、イエス・キリスト (神の国) と神であり、その具体的な形が、農業を中心とした非軍事的な小国だったのである。ここに、愛国の意味内容の鮮やかな転換が確認できるであろう。なお、こうした内村の民族や国家に関わる思想の背後にあったのは、内村のライフワークと言うべき「聖書研究」により学んだ古代イスラエルの預言者の思想と生き方だったことを補足しておきたい。

　以上のように、内村の愛国主義は、確かに広義のナショナリズムの一つではあるものの、いわば民族において民族を超えるナショナリズム、つまり自己超越的ナショナリズムとでも言うべきものであり、これは、戦争論の展開において生じた「愛国」のメタファー化と解釈できるものなのである。すなわち、内村鑑三の「二つのJ」との関わりにおける自己超越的ナショナリズムという概念は、先に戦争論の展開で確認した義戦論から非戦論への「転換」、あるいは主戦論的なキリスト教会とキリストとの不一致また平和主義的な非キリスト教とキリストとの一致という意味のねじれの観点から見るならば、メタファー化と言うべき意味論的事態であり、さらにその「愛」という内容に従えば、愛国のメタファー化と解釈することができる。というのも、現代のメタファー論が明らかにしたように、メタファーとはいわゆる語の装飾というよりも、現実の認知の事柄、古い認知から新しい認知への転換、二つの認知の間の意味のねじれにほかならないからである[21]。内村においては、明治時代に成立した国民国家としての日本の歴史的状況下で、まさに展開しつつあった日本のナショナリズムあるいは愛国主義に対して、同じ「日本を愛する」という言葉を一貫して使用しつつも、自民族中心主義を相対化し超越する仕方において愛国の意味内容の転換が生じたのである。

## 五　むすび

　以上論じてきた内村の戦争論の展開における自己超越的ナショナリズム、愛国のメタファー化は、宗教的多元性の状況下における対立や相克に対して、どんな意義を有しているだろうか。この点について、簡単にふれることにより、本章を締めくくりたい。

　冒頭で論じたように、東アジアの中国、韓国、日本の三つの地域におけるキリスト教は、現在、多様なあり方をしており、それぞれ、民族や国家との関わりで問題を抱えている。日本キリスト教は、民族やナショナリズムと対立し、あるいはそれらから乖離することによって、日本社会において受容されることに関して大きな困難に直面してきた。それに対して、韓国キリスト教の問題は、むしろナショナリズムとの過度の一体化にある。いずれにおいても、問題は、国家・民族との関係にある。また中国の場合は、一見すると政教分離の仕組みがうまく機能しているようにも見えるが、それは、国家の宗教政策に依拠した国家の統制下における上からの秩序であって、政教分離のあり方としては根本的に問題を孕むものと言わざるを得ない。東アジアにおけるキリスト教が、さらには諸宗教が、国家・民族との関わりにおいて直面しているこの問題状況を克服するためにも、宗教と国家・民族との関係性についての理論的な掘り下げが必要である。「民族」─「国家」は当然として─は単なる自然的な所与ではなく構想力の産物である[22]。その点で民族は常に新たに形成されるべき歴史的課題なのであって、それゆえ、自己超越的ナショナリズムは、既存の民族理念・民族意識の転換と新たな形成の鍵となりうるように思われる。つまり、「民族」の自己超越と連動する形で「愛国」の意味を転換し、それによって、自民族中心主義を超えるもう一つのナショナリズムを構築するという可能性である。

　さらに、こうした思想形成を内村において可能にしたものが、彼のキリスト教信仰（批判原理としてのキリスト教）であったことを考えるならば、同様のことは、他の宗教においてもその可能性を問うことができるはずである。

そうであるならば、自己超越的ナショナリズムは、宗教的多元性の状況下にある、すべての諸宗教の共通課題ということになる。ここに、宗教間対話の意義の一端を認めることができるのではないだろうか。というのも、異なる宗教的信念に立つ多様な宗教者が、東アジアの宗教的多元性という文脈において国家・民族と宗教の関係性を問い直す共通課題に取り組むとき、その共同作業は、宗教的多元性に基づく宗教間対話の営みを通した「公共性」の生成の場となることが期待できるからである。

自己超越的ナショナリズムあるいは愛国のメタファー化という議論は、実に「私（個人）／親密圏（家族など）／公共／市民社会／公」といった諸階層をいわば下から貫く公正性の生成の動きを指し示している。ここに、西欧の政教分離システムが東アジアに移入される際に陥りがちな「私」と「公」の抽象的な二分法を超えて、より実態に即した宗教と公共社会の理論的関係づけを行うことが可能性になるように思われる[23]。宗教的多元性と寛容の議論は、公共性との関わりを視野に入れつつ、さらなる展開を必要としているが、その場合にも、東アジアのキリスト教は重要なモデルケースとなることが期待できるのである。こうした問いに対して、内村鑑三からどのような思想的示唆を読み取ることができるだろうか。内村自身が多民族国家論を有していたことは、今後の研究課題となるように思われる。

## 注

(1) 近代初頭に東アジアのキリスト教が置かれた類似性は、キリスト教を受容する側の状況の類似性だけでなく、キリスト教を宣教する側においても確認できる。
(2) この点については、本書第三章を参照。
(3) 内村鑑三研究については、鈴木範久監修、藤田豊編『内村鑑三著作・研究目録』（教文館、2003年）より基本的動向を知ることができるが、最近の数年の範囲でも本章に関連するものとして以下の諸研究が挙げられる。
　　1　今井館教友会編『内村鑑三生誕150周年記念—神こそわれらの砦』教文館、2012年。
　　2　岩野祐介『無教会としての教会—内村鑑三における「個人・信仰共同体・社会」』教文館、2013年。

3　赤江達也『「紙上の教会」と日本近代 -- 無教会キリスト教の歴史社会学』岩波書店、2013 年。
4　Shibuya Hiroshi and Chiba Shin（eds.）, *Living for Jesus and Japan. The Social and Theological Thought of Uchimura Kanzō*, Eerdmans, 2013.
5　石川明人「軍人にとっての戦争と信仰――非戦論と軍人へのシンパシー（内村鑑三の軍人観）」（石川明人『戦場の宗教、軍人の信仰』八千代出版、2013 年、93 － 126 頁）。
6　谷川穣「内村鑑三―「天職」の地理学」（趙景達・原田敬一・村田雄二郎・安田常雄編『講座東アジアの知識人 2　近代国家の形成　日清戦争〜韓国併合・辛亥革命』有志舎、2013 年、120 － 137 頁）。
7　芦名定道「キリスト教史における無教会の意義」（市川裕編『世界の宗教といかに向き合うか』月本昭男先生退職記念献呈論文集第 1 巻、聖公会出版、2014 年）。
8　芦名定道「東アジアのキリスト教とナショナリズム――内村鑑三の非戦論との関連で」、現代キリスト教思想研究会『アジア・キリスト教・多元性』第 12 号、2014 年 3 月、75-91 頁。（これは本章のもとになった論文である。）
9　柳父圀近『日本的プロテスタンティズムの政治思想――無教会における国家と宗教』新教出版社、2016 年。
10　柴田真希都『明治知識人としての内村鑑三――その批判精神と普遍主義の展開』みすず書房、2016 年。
(4) 本章は、「アジアと宗教的多元性」研究会（2014 年 3 月 11 日）における口頭発表を論文化したものであるが、研究会の場では、内村において民族・民族主義を論じることに対して、批判的で有益なコメントがなされた。本章では内村のテキスト自体に内在的に民族・民族主義を論じうるかについては結論を留保するが—その前に「民族」の概念規定が問題である—、内村を日本における民族や民族主義という問題連関で取りあげることは当然あり得る問題設定である（たとえば、小熊英二『単一民族神話の起源―〈日本人〉の自画像の系譜』新曜社、1995 年、など）。
(5) この重層構造については、荒木美智雄「民俗宗教としての新宗教」（國學院大學日本文化研究所編『近代化と宗教ブーム』同朋舎、1990 年、19-67 頁）をご覧いただきたい。近代東アジアの歴史的状況についての研究方法に関しては、宮嶋博史・李成市他編『植民地近代の視座―朝鮮と日本』（岩波書店、2004 年）に所収の次の論考を参照。宮嶋博史「東アジアにおける近代化、植民地化をどう捉えるか」、李榮薫「民族史から文明史への転換のために」。

(6) 東アジア諸地域のキリスト教動向（総人口に対する比率、％）

|  | 中国 | 韓国 | 日本 |
|---|---|---|---|
| 1900 年 | 0.4 | 0.5 | 1.0 |
| 1970 年 | 0.2 | 18.3 | 3.0 |
| 1975 年 | 0.2 | 25.0 | 3.0 |
| 1980 年 | 0.2 | 30.5 | 3.0 |
| 1995 年 | 6.5 | 40.2 | 3.6 |
| 2000 年 | 7.1 | 40.8 | 3.6 |
| 2025 年 | 9.2 | 43.2 | 4.1 |

この表は、『世界キリスト教百科事典』第二版（(David B. Barrett, George T. Kurian, Todd M. Johnson (eds.), *World Christian Encyclopedia*. A Comparative survey of churches and religions in the modern world. second edition, Oxford University Press, 2001.) のデータに初版（1982）を加えて作成したものであるが、『世界キリスト教百科事典』のデータには問題点や不明な点も少なくない。たとえば1900年における東アジアの諸宗教のそれぞれに属する信徒数のデータがいかなる仕方で確定（あるいは推定）されたかは不明であり、全体的に見て、キリスト教信徒数が他のデータ・ソースからのものに比べて多めであるとの印象は否めない。なお、初版、第二版ともに、1900年から1970年までの間のデータが欠けているのは、世界各地の諸宗教動向について国家レベルのデータが利用可能になった時期を考えれば当然のことと言える。さまざまな問題は存在するが、同一のデータ・ソースに基づく東アジアの諸地域の比較が可能になるという理由から、本章では上記のものを参照データとしてあげた。

(7) 柳東植『韓国のキリスト教』東京大学出版会、1987年、52-53頁。柳は、韓国のキリスト教の性格として、民族の宗教という特性を挙げながら、「その基礎にはハングルの宗教がもっている民族的属性がある」（同書、53）と説明している。

(8) 蓮實重彦・山内昌之編『いま、なぜ民族か』東京大学出版会、1994年。

(9) 内村の戦争論の展開については、宮田光雄「近代日本のキリスト教平和思想——内村鑑三の非戦論」（宮田光雄『平和の思想史的研究』創文社、1978年、75-102頁）に的確な分析を見出すことができる。明治キリスト教全般における日清戦争への態度については、土肥昭夫『日本プロテスタント・キリスト教』（新教出版社、1980年、124—126頁）を参照。

なお、『日本キリスト教思想史研究　宮田光雄思想史論集3』（創文社、2013年）に「4　無教会運動の反戦思想」として収録された論文は、1962年にドイツ語で執筆され、『平和の思想史的研究』（創文社、1978年）に「近代日本のキリスト教平和思想——内村鑑三の非戦論」として訳出されたものを、論集3に収録するにあたり訳出し直したものである。この二つの邦訳論文は、前者（1978年版）の「4　非戦論と再臨思想」の結びの部分が後者では「再臨思想と平和の証し」との小見出し付けられ、前者の「5　非戦論と兵役拒否」が後者では「四　非戦論の継承」として矢内原論が収録されているなど、さまざまな相違点が見られる（また、後者は追記で、千葉真、鈴

木正の内村研究を「最近の研究」で目にふれたものとして挙げている)。特に、矢内原忠雄は、無教会キリスト教の非戦論の展開を論じる上で重要な位置を占めており、最近の矢内原研究では、従来の解釈に変更を迫る議論がなされている。たとえば、菊川美代子は「矢内原忠雄の義戦論」(同志社大学大学院神学研究科内基督教学研究会『基督教研究』第71巻第2号、2009年、57-74頁)で、矢内原忠雄が「義戦(正戦)論者」(正義が蹂躙される場合には悲しむべき必要悪として戦争を認めた)であることを、土曜学校での「アウグスティヌスの『神の国』の講義」(1940年から41年)などによって明晰に論じている。ここに「結果的に戦争を推進する国家主義の論理に取り込まれる危険性」があったかについては、議論が分かれるところと思われるが、この菊川の矢内原論は、従来、「絶対平和主義」「正戦論」(条件付き「戦争肯定論」)「聖戦論」(積極的戦争肯定論・侵略主義)という仕方で類型論的に分類されてきた戦争論については実は精密な分析が必要であることを示したものと言える。私見では、矢内原の戦争論は「絶対的非戦論」というよりも(絶対的非戦論は用語としては可能でも、その理念がキリスト教平和思想となりうるかは疑問である)、矢内原自身に用語に即して「絶対的平和主義」と捉えるのが適当と思われる。問題は、矢内原が彼自身が批判する「相対的平和主義」をどれだけ乗り越えることができたか、ということと思われる。また、赤江達也(『矢内原忠雄——戦争と知識人の使命』岩波新書、2017年)は、「戦中から戦後(四〇年代後半)にかけて、矢内原の思想は基本的にはそれほど変わっていないのだが、微妙に変化しているところがある」(202頁)として、戦後の絶対平和論を次のように位置づけている。「このような矢内原における平和主義の変化は、絶対平和主義への一元化として捉えられる。矢内原の「絶対平和主義」は、戦後日本の平和主義と共鳴していく。その一方で、戦後に「絶対平和主義」へと一元化していく過程で、戦前・戦中の矢内原の平和主義がもっていたような義戦論と非戦論、現実主義と理想主義とのあいだの重層的な緊張関係は失われている」(204頁)。

(10) 内村鑑三の戦争論が、歴史学的また地政学的な議論を背後に持っていることは、本章の中心テキストである『非戦論』(『内村鑑三選集』第2巻)に所収の諸論考からも確認できる。たとえば、「世界歴史に徴して日支の関係を論ず」(明治27年7月27日。『国民新聞』)では、「日支両国の関係は新文明を代表する小国が旧文明を代表する大国に対する関係なり」(3)として、「自由と圧制、冀望と回顧、進取と退守、欧州主義と亜細亜主義」(3) という対比が語られ、日本の近代化の歴史的意義が示される。また、「満州問題解決の精神」(明治36年8月25日。『万朝報』)では、「国には夫れぞれ其運命とか天職とか称すべきものがある、我等は深く各国の地理と歴史とを究めて其天職を知ることが出来る」(55) として、国家の特性が地政学的に理解できることが指摘され、「平和の歓迎」(明治38年10月10日。『新希望』68号)では、次のように、日露戦争の当事者である日本とロシアとが、ヨーロッパとアジアという地理的歴史的区分に基づいて類比的に語られている。「日本人は亜細亜人にして欧羅巴化せし者

なり、露西亜人は欧羅巴人にして亜細亜化せし者なり」(198)、「同一の天職を任かせられし予定の共働者なり」(198)、「露人は其半身を亜細亜に有して善く亜細亜を解す、日本人は亜細亜に生れて、其長子たり」(199)。

こうした歴史学的地政学的な国家論は内村の特徴と言えるものであるが、具体的な諸国家について内村が展開する議論もまた興味深い内容を有している。たとえば、日清日露戦争でも重要な位置を占める朝鮮についての内村の認識を論じたものとして、滝沢秀樹「内村鑑三と朝鮮」(滝沢秀樹『韓国へのさまざまな旅』影書房、1992年、215-242頁)は示唆的である。

(11) ここで取りあげたThe Kobe Chronicle誌に掲載された論考では、自然と歴史という人間に関わる二つの領域が扱われている。この自然と歴史(それに地理を加えて)という対は内村の思考の枠組みとして解釈できるように思われる。こうした点から、内田芳明『現代に生きる内村鑑三』(岩波書店、1991年)は興味深い。

(12) Takahashi Yasuhiro, "Uchimura Kanzō and His Pacifism" (Shibuya Hiroshi and Chiba Shin (eds.), *Living for Jesus and Japan. The Social and Theological Thought of Uchimura Kanzō*, Eerdmans, 2013, pp.55-68.) においては、内村の平和思想が、同様に20世紀を代表とする平和主義者であるガンディーやマーティン・ルーサー・キングと比較されている。こうした平和思想の比較においては、「キリストは我儕に此最悪の世に在て今日直に戦税を払ふ勿れ、兵役に服する勿れとは教へ給いませんが」(「戦時に於ける我儕」(明治37年3月17日。『聖書之研究』50号)、133)や「平和主義、一名非戦主義、是れは何にも今日直に兵役を拒み、軍事に反対するといふことではない」(「平和主義の意義」(明治38年8月10日。『聖書之研究』66号)、180)など、非戦論者が戦税や兵役に対してどのように対処すべきかということが、重要な論点となるであろう。

そしておそらく、内村の非戦論において最大の問題の一つとなるのは、「非戦主義者の戦死」(明治37年10月20日。『聖書之研究』57号)における次の議論である。「戦争も多くの非戦主義者の無残なる戦死を以てのみ終に廃止することの出来るものである」、「茲に始めて人類の罪悪の一部分は贖はれ」(164)、「平和主義者の死」、「彼の殉死に由て彼の国人を諫めんと欲し、亦、同胞の殺伐に快を取る、罪に沈める人類に改悛を促がさんとする」(165)、「非戦論者が最も善き戦士を作るとは大なる逆説のやうに」(166)。この内村の議論は、内村鑑三生誕150周年記念シンポジウム(2011年3月20日)における高橋哲哉「内村鑑三と犠牲」(今井館教友会編『内村鑑三生誕150周年記念―神こそわれらの砦』教文館、2012年、74-86頁)で批判的に論じられた。「『戦場に出て生血を濺いで戦争の犠牲と成る』ことに、どんな理由があれ内村が戦争に『美』を見出しえたということを、どう解すべきでしょうか」(78頁)、と。高橋が問題にするのは、「感情の錬金術」「戦死を美化する犠牲の論理」(79頁)であり、そこから内村の贖罪論に対して疑問が提起されている。この高橋の疑問は、Chiba Shin,

"Uchimura Kanzō and His Atonement Eschatology: On "Crucifixianity""（Shibuya Hiroshi and Chiba Shin（eds.）, *Living for Jesus and Japan. The Social and Theological Thought of Uchimura Kanzō*, Eerdmans, 2013, pp.198-220.）において言及されているが、おそらく、ここで提起された問いは、内村の贖罪論にとどまらず、キリスト教の贖罪論自体の問い直しを要求するものであろう。これについては、稿を改めて論じたい。

(13)「武士道とキリスト教」という論点は少なからぬ明治のキリスト教指導者について問題となるが、この点から内村とほかの思想家を比較することは興味深い研究テーマとなるかもしれない。たとえば、植村正久の武士道論については、芦名定道「植村正久の日本論（２）――日本的伝統とキリスト教」（現代キリスト教思想研究会『アジア・キリスト教・多元性』第７号、2009 年）を参照。

(14) 庶民の視点から日清日露戦争が何であったのかについては、大濱徹也『庶民のみた日清・日露戦争――帝国への歩み』（刀水書房、2003 年）を参照いただきたい。大濱はこの著書で「軍国熱にうかれ、軍人が権勢を謳歌するのをみるにつけ、内村鑑三の心は怒りにもえていた」（同書、80 頁）と内村に言及している。

(15)「民族」は曖昧あるいは多義的であり、分析用語として使用するには注意が必要であるが、同時に生産的な議論には不可欠な用語である。本書では、できるかぎり概念の明確化を図りながら使用したいと考えている。まず、「民族」については、古代イスラエル民族といった場合のように、古代に遡る事象について使用されることがある。しかし、本章で、民族主義あるいはナショナリズムという場合には、基本的に、西欧近代の国民国家形成以後の、近代的な概念としての「民族」が念頭に置かれている（近代的な民族概念はその素材として古代に遡る表象や物語が用いられることが少なくないため、実際に、古代的と近代的とを具体的な内容に即して区別することは必ずしも容易ではない。なお、近代的な民族の成立については、大澤真幸『ナショナリズムの由来』講談社、2007 年、あるいは鈴木貞美『日本の文化ナショナリズム』平凡社新書、2005 年、などを参照）。本章では、この国民国家成立以降の「民族」に関する概念整理として、塩川伸明『民族とネイション――ナショナリズムという難問』（岩波新書、2008 年）の論に依拠している。たとえば、「ネイション」を軸に考えた場合、「ネイションにエスニックな意味合いが色濃く含まれている場合には『民族』、ネイションがエスニシティと切り離して捉えられる場合に『国民』とする」（9 頁）。問題は、この区別がいわば原則的な規定であり、実際のさまざまな論者の言語使用において、民族と国民との間にはずれとともに一定の「重なり合い」が存在し、「民族の国民化」「国民の民族化」が問題化せざるを得ないということである。本章でも「民族」概念が十分整理し切れていない恐れがあり、議論の精密化は今後さらに必要になる。

(16) ここで実体原理として導入されたものは、批判原理と対になるものであり、ティリッヒのプロテスタンティズム論の基礎概念である。これらについては、芦名定道「Ｐ．ティ

リッヒのプロテスタンティズム論の問題」（日本基督教学会『日本の神学』第 25 号、1986 年、43-71 頁）を参照。
(17) 内村の非戦論においては、「愛国」への言及がしばしばなされている。たとえば、「基督教の趨勢」（明治 38 年 2 月 20 日。『聖書之研究』61 号）では、「日露戦争の直接の結果は勿論、愛国心の勃興である。爾うして愛国心の此勃興が日本人の基督教の信仰の上に及ぼした結果は亦非常なものである」（175）として、日本キリスト教における欧米教会からの独立意識（財政的）の高揚を指摘している。それに対する内村の評価は「喜ぶべき現象」というものであって、内村の非戦論が愛国主義と両立することは明らかである。愛国、愛国心をめぐる内村の論考は、『世界のなかの日本』（『内村鑑三選集』第 4 巻）にかなりの数のものが収録されている。
(18) 内村の語る「日本」では、エスニシティの意味での「民族」というよりも、国民国家というニュアンスが基本と思われるが、ネイションがこの民族と国家との両者を包括し、またナショナリズムがパトリオティズムと重なりを有することを考えれば（注 15 に挙げた塩川伸明の著書を参照）、内村における愛国は、ナショナリズムと表現することが十分に可能であり、また民族主義という言い方もまったく不可能ではないように思われる。
(19) このナショナリズムの二形態という議論は、ティリッヒの『社会主義的決断』（1933 年）における起源（Ursprung）と要請（Forderung）の二重性の議論を念頭においたものであるが、ティリッヒの宗教と民族をめぐる議論については、芦名定道「ティリッヒと宗教社会主義」（現代キリスト教思想研究会『ティリッヒ研究』第 11 号、2007 年、1-19 頁）を参照。
(20) この理想概念とは、トレルチが「キリスト教の本質」を論じる際、批判概念、発展概念と共に、本質概念を構成するものとして導入した概念である。つまり、歴史的実在の本質をめぐる問いは、その理想を視野に入れることを要求するのであり、したがって、国家・国民をめぐる問いはその繁栄や幸福を計る尺度としての「理想」と結びつかざるを得ない。このトレルチの本質概念については、近藤勝彦『トレルチ研究　上』（教文館、1996 年）57-65 頁、を参照。
(21) ここで念頭に置かれているメタファー論は、1970 年代以降に展開されたものである。リクールのメタファー論（『生きた隠喩』）は代表的なものであり、キリスト教思想、特に聖書解釈学に深く関わっている。また、こうしたレトリックの問題は歴史認識の類型論にも接している。メタファー論については、芦名定道『ティリッヒと現代宗教論』（北樹出版、1994 年、155-179 頁）、芦名定道「キリスト教思想と宗教言語――象徴・隠喩・テキスト」（日独文化研究所年報『文明と哲学』第 8 号、こぶし書房、2016 年、pp.196-209）を参照。また、本書第一章では、本章でメタファー化として論じられた事柄が、家族のメタファー化として取り上げられている。
(22) 民族が自然的実体を素材としつつも構想力において構成されたものであること、そ

の意味で虚構的なものであること（虚構性とは必ずしも消極的・否定的なものを意味しない、むしろこれは人間の経験的実在の構成要素であり、物語性と表現することができる）は、「民族」概念を有意味な仕方で用いるための前提である。この点については、芦名定道『宗教学のエッセンス―宗教・呪術・科学』（北樹出版、1993 年、57-65 頁）あるいは小坂井敏晶『民族という虚構』（東京大学出版会、2002 年）を参照。

(23) 本章第三章で述べたように、公共性の問題は、現代政治思想の焦点の一つであり、日本においても「公―私」二分法に対する「公―公共―私」の三分法（相関的三元論）の提唱などさまざまな議論がなされている（山脇直司『公共哲学とは何か』ちくま新書、2004 年）。

# 文献表

　本書において繰り返し引用される文献に関しては、(著者、刊行年、頁)という表記が用いられた。この文献表には、本書に登場する文献を網羅的に記載するのではなく、(著者、刊行年、頁)という形式で引用される文献を中心に、主要な文献についてのみ収録するという方針がとられた。

## A．日本語文献（著者名など５０音順）

赤江達也『「紙上の教会」と日本近代——無教会キリスト教の歴史社会学』岩波書店、2013年。

赤江達也『矢内原忠雄——戦争と知識人の使命』岩波新書、2017年。

芦名定道「Ｐ.ティリッヒのプロテスタンティズム論の問題」、日本基督教学会『日本の神学』第25号、1986年、43-71頁。

芦名定道『宗教学のエッセンス—宗教・呪術・科学』北樹出版、1993年。

芦名定道『ティリッヒと現代宗教論』北樹出版、1994年。

芦名定道「キリスト教と東アジアの近代化」、亜細亜大学アジア研究所『アジア研究所紀要』第25号、1999年、155-156頁。

芦名定道『ティリッヒと現代宗教論』北樹出版、1994年。

芦名定道「東アジアの宗教状況とキリスト教——家族という視点から」『アジア・キリスト教・多元性』創刊号、2003年。

芦名定道「死者儀礼から見た宗教的多元性——日本と韓国におけるキリスト教の比較より」（金文吉との共著）『人文知の新たな総合に向けて（21世紀COEプログラム「グローバル化時代の多元的人文学の拠点形成」）』第二回報告書Ⅲ[哲学篇2]、2004年。

芦名定道・土井健司・辻学『改訂新版　現代を生きるキリスト教』教文館、2004年。

芦名定道「宗教的寛容・問題群の構造——問題の整理に向けて」『宗教と寛容』宗教的寛容研究会、2005年、3-6頁。

芦名定道「コラム：儒教は宗教か？」、芦名定道編『比較宗教学への招待——東アジアの視点から』晃洋書房、2006年、6-7頁。

芦名定道編『多元的世界における寛容と公共性——東アジアの視点から』晃洋書房、2007年。

芦名定道「ティリッヒと宗教社会主義」、現代キリスト教思想研究会『ティリッヒ研究』第

11号、2007年、1-19頁。

芦名定道「近代キリスト教思想と政治思想——序論的考察」、京都大学基督教学会『基督教学研究』第28号、2008年、175-197頁。

芦名定道「キリスト教政治思想の可能性」、現代キリスト教思想研究会『キリスト教思想と国家・政治論』2009年、3-26頁。

芦名定道「植村正久の日本論（2）——日本的伝統とキリスト教」、現代キリスト教思想研究会『アジア・キリスト教・多元性』第7号、2009年。

芦名定道「キリスト教史における無教会の意義」、市川裕編『世界の宗教といかに向き合うか』月本昭男先生退職記念献呈論文集第1巻、聖公会出版、2014年。

芦名定道「東アジアのキリスト教とナショナリズム——内村鑑三の非戦論との関連で」、現代キリスト教思想研究会『アジア・キリスト教・多元性』第12号、2014年、75-91頁。

芦名定道「キリスト教思想と宗教言語——象徴・隠喩・テキスト」、京都大学キリスト教学研究室『キリスト教学研究室紀要』第3号、2015年、1-18頁。

芦名定道「キリスト教思想と宗教言語——象徴・隠喩・テキスト」、日独文化研究所年報『文明と哲学』第8号、こぶし書房、2016年、pp.196-209。

芦名定道『近代日本とキリスト教思想の可能性——二つの地平が交わるところにて』三恵社、2016年。

安彦一恵・谷本光男編『公共性の哲学を学ぶ人のために』世界思想社、2004年。

阿部美哉『政教分離——日本とアメリカにみる宗教の政治性』サイマル出版、1989年。

阿磨利麿『宗教が甦るとき』毎日新聞社、1986年。

阿磨利麿『国家主義を超える——近代日本の検証』講談社、1994年。

荒木美智雄「民俗宗教としての新宗教」、國學院大學日本文化研究所編『近代化と宗教ブーム』同朋舎、1990年。

アリエス『〈子供〉の誕生——アンシャン・レジーム期の子供と家族生活』みすず書房、1980年。

有地亨「伝統的「いえ」観念と近代的家族観の交錯」、片倉比佐子編『日本家族史論集6 家族観の変遷』吉川弘文館、2002年。

飯田剛史『在日コリアンの宗教と祭り——民族と宗教の社会学』世界思想社、2002年。

石井研士『データブック——現代日本人の宗教 戦後50年の宗教意識と宗教行動』新曜社、1997年。

石川明人「軍人にとっての戦争と信仰——非戦論と軍人へのシンパシー（内村鑑三の軍人観）」、石川明人『戦場の宗教、軍人の信仰』八千代出版、2013年、93-126頁。

石川照子ほか『はじめての中国キリスト教史』かんよう出版、2016年。

池田秀三『自然宗教の力 儒教を中心に』岩波書店、1998年。

稲垣久和『宗教と公共哲学 生活世界のスピリチュアリティ』東京大学出版会、2004年。

稲垣久和・金泰昌編『宗教から考える公共性』東京大学出版会、2006年。
いのうえせつこ『主婦を魅了する新宗教』谷沢書房、1988年。
いのうえせつこ『新興宗教ブームと女性』新評論、1993年。
井上達夫『他者への自由――公共性の哲学としてのリベラリズム』創文社、1999年。
井上達夫編『公共性の法哲学』ナカニシヤ出版、2006年。
井上治代『墓と家族の変容』岩波書店、2003年。
今井館教友会編『内村鑑三生誕150周年記念―神こそわれらの砦』教文館、2012年。
今出敏彦「公共性の理解のために」、宗教的寛容研究会『宗教と公共性』2006年、9-19頁。
岩野祐介『無教会としての教会―内村鑑三における「個人・信仰共同体・社会」』教文館、2013年。
内村鑑三
    『内村鑑三選集2　非戦論』岩波書店、1990年。
    『内村鑑三選集6　社会の変革』岩波書店、1990年。
    『内村鑑三選集4　世界のなかの日本』岩波書店、1990年。
    『内村鑑三全集5』岩波書店、1981年
    『後世への最大遺物・デンマルク国の話』岩波文庫。
NCC宗教研究所「葬儀の諸問題（座談会）」（NCC宗教研究所『出会い』56、2005年、51-88頁。
大木英夫「環太平洋地域のプロテスタンティズム」、古屋安雄／大木英夫『日本の神学』ヨルダン社、1989年、271-282頁。
大澤真幸『ナショナリズムの由来』講談社、2007年。
大濱徹也『庶民のみた日清・日露戦争――帝国への歩み』刀水書房、2003年。
小熊英二『単一民族神話の起源――〈日本人〉の自画像の系譜』新曜社、1995年。
落合恵美子「アジア近代における親密圏と公共圏の再編成――「圧縮された近代」と「家族主義」」（落合恵美子編『親密圏と公共圏の再編成――アジア近代からの問い』京都大学学術出版会、2013年、1-38頁）。
加地伸行『沈黙の宗教――儒教』筑摩書房、1994年。
加藤節『ジョン・ロックの思想世界――神と人間との間』東京大学出版会、1987年。
加藤常昭『鎌倉雪ノ下教会　教会生活の手引き』教文館、1994年。
金子啓一「東アジアの「家父長制」と聖書の使信」、富坂キリスト教センター編『鼓動する東アジアのキリスト教』新教出版社、2001年、98-118頁。
川又俊則「キリスト教受容の現代的課題－死者儀礼、とくに墓地を中心に－」、『宗教研究』326号、日本宗教学会、2001年。
菊川美代子「矢内原忠雄の義戦論」、同志社大学大学院神学研究科内基督教学研究会『基督教研究』第71巻第2号、2009年、57-74頁。
京都仏教会監修、洗建・田中滋編『国家と宗教――宗教から見た近現代日本　上下巻』法

藏館、2008 年。

ジョン・ドミニク・クロッサン『イエス——あるユダヤ人貧農の革命的生涯』新教出版社、1998 年（John Dominic Crossan, *Jesus. A Revotutionary Biography*, Haper San Francisco, 1995.）。

John Dominic Crossan, *The Historical Jesus. The Life of a Mediterranean Jewish Peasant*, Haper San Francisco, 1992.

ジョン・ドミニク・クロッサン『イエスとは誰か——史的イエスに関する疑問に答える』新教出版社、2013 年（John Dominic Crossan & Richard G. Watts, Who Is Jesus? Answers to Your Questions about the Historical Jesus, Westminster / John Knox Press, 1996.）。

小坂井敏晶『民族という虚構』東京大学出版会、2002 年。

小畑進『キリスト教慶弔学事典』いのちのことば社、1978 年。

子安宣邦『鬼神論　神の祭祀のディスクール』白澤社・現代書院、2002 年。

近藤勝彦『トレルチ研究　上』教文館、1996 年。

近藤剛編『現代の死と葬りを考える——学際的アプローチ』ミネルヴァ書房、2014 年。

齋藤純一編『親密圏のポリティックス』ナカニシヤ書店、2003 年。

櫻井圀郎「葬送法上の問題（一）」、東京基督教大学紀要『キリスト教と世界』第 11 号、2001 年、24-49 頁。

櫻井圀郎「親族にかかわる法と祖先崇拝」、東京基督教大学『キリスト教と世界』第 12 号、2002 年、1-33 頁。

櫻井圀郎「日本人の宗教観と祖先崇拝の構造」、東京基督教大学『キリスト教と世界』第 13 号、2003 年、44-81 頁。

櫻井圀郎「神への礼拝と死者の慰霊」、東京基督教大学『キリスト教と世界』第 14 号、2004 年、1-33 頁。

櫻井義秀「ある韓国系教会のカルト化——聖神中央教会を事例として」（李元範・櫻井義秀編『越境する日韓宗教文化——韓国の日系新宗教　日本の韓流キリスト教』北海道大学出版会、2011 年、405 頁）。

塩川伸明『民族とネイション——ナショナリズムという難問』岩波新書、2008 年。

柴田真希都『明治知識人としての内村鑑三——その批判精神と普遍主義の展開』みすず書房、2016 年。

島薗進、テリー・テル＝ハール、鶴岡賀雄編『宗教——相克と平和　〈国際宗教学宗教史学会東京大会（IAHR2005）の討議〉』秋山書店、2008 年。

島村鶴亀他編『クリスチャン　生活事典』教会新報社、1981 年。

宗教的寛容研究会『宗教と寛容』2005 年、『宗教と公共性』2006 年。

鈴木貞美『日本の文化ナショナリズム』平凡社新書、2005 年。

瀬地山角『東アジアの家父長制－ジェンダーの比較社会学』勁草書房、1996 年。

瀬地山角「家父長制をめぐって」、佐々木潤之介編『日本家族史論集1　家族史の方法』吉川弘文館、2002 年、178-219 頁（論文初出は 1990 年）。

徐正敏『日韓キリスト教関係史研究』日本キリスト教団出版局、2009 年。

徐正敏『韓国キリスト教史概論——その出会いと葛藤』かんよう出版、2012 年。

木範久監修、藤田豊編『内村鑑三著作・研究目録』教文館、2003 年。

丁ユリ「韓国の大都市とその周辺部における納骨堂——儀礼・追慕の形式の変化と新しい死と生の空間の生成」（東京大学大学院人文社会系研究科『死生学研究』第 17 号、2012 年、274-294 頁）。

高橋昌郎『明治のキリスト教』吉川弘文館。2003 年。

田川建三『キリスト教思想への招待』勁草書房、2004 年。

滝沢秀樹『韓国へのさまざまな旅』影書房、1992 年。

武田清子『土着と背教』新教出版社、1967 年。

谷川穣「内村鑑三—「天職」の地理学」、趙景達・原田敬一・村田雄二郎・安田常雄編『講座東アジアの知識人2　近代国家の形成　日清戦争〜韓国併合・辛亥革命』有志舎、2013 年、120 — 137 頁。

池明観『アジア宗教と福音の論理』新教出版社、1970 年。

池明観『現代史を生きる教会』新教出版社、1982 年。

辻学『隣人愛のはじまり——聖書学的考察』新教出版社、2010 年。

丁光訓他『中国のキリスト者はかく信ず』宍戸寛他訳、新教出版社、1984 年。

土肥昭夫『日本プロテスタント・キリスト教』新教出版社、1980 年。

永岡薫『デモクラシーへの細い道——イギリスと日本』日本基督教団出版局、1984 年。

中村春作「「国民」形象化と儒教表象」、藤田正勝他編『東アジアと哲学』ナカニシヤ出版、2003 年。

南山宗教文化研究所編『宗教と文化——諸宗教の対話』人文書院、1994 年。

日本カトリック典礼委員会編『葬儀』カトリック中央協議会、1993 年。

日本基督教団出版局編『アジア・キリスト教の歴史』日本基督教団出版局、1991 年。

日本基督教団信仰職制委員会編『死と葬儀』日本基督教団出版局、1974 年。

日本基督教団信仰職制委員会編『新しい式文——試案と解説』日本基督教団出版局、1990 年。

日本宗教学会『宗教研究　特集号　近代・ポスト近代と宗教的多元性』329 号、2001 年。

日本福音ルーテル教会『葬儀と結婚』日本福音ルーテル教会出版部、1993 年。

沼田健哉『現代日本の新宗教　情報化社会における神々の再生』創元社、1988 年。

蓮實重彦・山内昌之編『いま、なぜ民族か』東京大学出版会、1994 年。

W・パネンベルク『人間学——神学的考察』教文館、2008 年（Wolfhart Pannnenberg, *Anthropologie in theologischer Perspektive*, 1983.）。

東馬場郁生「日本におけるキリスト教葬儀のはじまり——キリシタン伝道と葬儀」、ＮＣＣ

宗教研究所『出会い』56、2005年、18-32頁。
東馬場郁生『きりしたん史再考——信仰受容の宗教学』天理大学附属おやさと研究所、2006年。
レイモンド・フン『中国の家の教会　文化大革命を生きぬいたキリスト者』ＮＣＣキリスト教アジア資料センター訳、新教出版社、1984年。
星川啓慈『宗教と〈他〉なるもの——言語とリアリティをめぐる考察』春秋社、2011年.
星川啓慈他『現代世界と宗教の課題　宗教間対話と公共哲学』蒼天社出版、2005年。
マーク・Ｒ・マリンズ『メイド・イン・ジャパンのキリスト教』、トランスビュー、2005年。
水野茂洋「古代イスラエルの社会構造」、月本昭男・小林稔編『現代聖書講座第１巻　聖書の風土・歴史・社会』日本基督教団出版局、1996年、121-148頁。
宮嶋博史「東アジアにおける近代化、植民地化をどう捉えるか」、宮嶋博史他編『植民地近代の視座——朝鮮と日本』岩波書店、2004年、167-192頁。
宮田光雄『平和の思想史的研究』創文社、1978年。
宮田光雄『日本キリスト教思想史研究　宮田光雄思想史論集３』創文社、2013年。
シャンタル・ムフ『政治的なるものの再興』千葉眞他訳、日本経済評論社、1998年。
スーザン・メンダス『寛容と自由主義の限界』ナカニシヤ書店、1997年。
森岡清美「『外来宗教の土着化』をめぐる概念整理」、『史潮』109号、1972年。
柳父圀近『日本的プロテスタンティズムの政治思想——無教会における国家と宗教』新教出版社、2016年。
安岡昭男「岩倉使節と宗教問題」、中央大学人文科学研究所編『近代日本の形成と宗教問題』中央大学出版部、1922年、267-299頁。
山下勝弘『超高齢社会とキリスト教会』キリスト新聞社、1997年。
山脇直司『公共哲学とは何か』ちくま新書、2004年。
吉田寅『中国プロテスタント伝道史研究』汲古書院、1997年。
李元範・櫻井義秀編『越境する日韓宗教文化——韓国の日系新宗教　日本の韓流キリスト教』北海道大学出版会、2011年。
李大栄「宣教百年を迎える韓国教会の現状と未来」日本超教派基督教協会編『アジアとキリスト教』星雲社、1987年、95-98頁。
Ｐ・リクール『生きた隠喩』岩波書店、1984年。
デヴィッド・リード「日本のキリスト教信者の祖先関係」、『神学——キリスト教倫理の諸問題』51号、東京学大学神学会、1989年。
柳東植『韓国のキリスト教』東京大学出版会、1987年。
柳炳徳・安丸良夫・鄭鎮弘・島薗進編『宗教から東アジアの近代を問う——日韓の対話を通して』ぺりかん社、2002年。
Ｃ・Ｓ・ルーイス『愛のアレゴリー——ヨーロッパ中世文学の伝統』筑摩書房、1972年。

(C.S.Lewis, *The Allegory of Love. A Study in Medieval Tradition*, Oxford Unibersity Press, 1936.)

## B．欧文文献（著者名などアルファベット順）

Kin Ming Au, *Paul Tillich and Chu Hsi, A Comparison of Their Views of Human Condition*, Peter Lang, 2002.

David B. Barrett / George T. Kurian / Todd M. Johnson (eds.) *World Christian Encyclopedia*, second edition, Oxford University Press, 2001.

Ulrich Beck, *Der eigene Gott. Friedensfähigkeit und Gewaltpotential der Religionen*, Verlag der Weltreligionen, 2008.（ウルリッヒ・ベック『〈私〉だけの神——平和と暴力のはざまにある宗教』岩波書店、2011 年。）

Yong Chen, *Confucianism as Religion. Controversies and Consequences*, Brill, 2013.

Chiba Shin, "Uchimura Kanzō and His Atonement Eschatology: On "Crucifixianity""(Shibuya Hiroshi and Chiba Shin (eds.), *Living for Jesus and Japan. The Social and Theological Thought of Uchimura Kanzō*, Eerdmans, 2013, pp.198-220.).

Insik Choi, *Die taologische Frage nach Gott, Paul Tillichs philosophischer Gottesbegriff des »Seins-Selbst« und sprachliche Verantwortung des Glaubens in Begegnung mit dem Taogedanken Laotzus*, Peter Lang, 1991.

Charles Allen Clark, *The Korean Church and the Nevius Methods*, Fleming H. Revell, 1928.

Hans Küng / Julia Ching, *Christentum und Chinesische Religion*, Piper, 1988.

Burton L. Mack, *The Lost Gosepel: The Book of Q & Christian Origins,* Haper San Francisco, 1993.

Jürgen Moltmann, *Erfahrungen theologischen Denkens. Wege und Formen christlicher Theologie*, Chr.Kaiser, 1999.

Shibuya Hiroshi and Chiba Shin (eds.), *Living for Jesus and Japan. The Social and Theological Thought of Uchimura Kanzō*, Eerdmans, 2013.

Robert Solomon, Article "Family", in: Scott W. Sunquist (ed.), *A Dictionary of ASIAN CHRISTIANITY* , Eerdmans Publishing Company, 2001 , pp.279R-281L.

Anna Sun, *Confucianism as a World Religion. Contested Histories and Contemporary Realities*, Princeton University Press, 2013.

Takahashi Yasuhiro, "Uchimura Kanzō and His Pacifism" (Shibuya Hiroshi and Chiba Shin (eds.), *Living for Jesus and Japan. The Social and Theological Thought of Uchimura Kanzō*, Eerdmans, 2013, pp.55-68.

Edmond Tang, The Second Chinese Enlightenment: Intellectuals and Christianity Today, in: Werner Ustorf, Toshiko Murayama(eds.), *Identity and Marginality,Rethinking*

*Christianity in North East Asia*, Peter Lang, 2000, 55-70.

Adrian Thatcher, *God, Sex, and Gender. An Introduction*, Blackwell, 2011.

Paul Tillich, *Systematic Theology. Vol.1*, The University of Chicago Press, 1951.

Xinghong Yao, Confucian Christ: A Chinese Image of Christianity, in: Werner Ustorf, Toshiko Murayama(eds.), *Identity and Marginality, Rethinking Christianity in North East Asia*, Peter Lang, 2000, 27-39.

Bob Whyte, Three Self Revisited, in: Werner Ustof, Toshiko Murayama (eds.), *Identity and Marginality. Rethinking Christianity in North East Asia*, Peter Lang, 2000.

# 人名索引

**ア行**

赤江達也（あかえ・たつや）：90
荒木美智雄（あらき・みちお）：67
有地亨（ありち・とおる）：24
アーレント、ハンナ（Hannah Arendt）：57
池田秀三（いけだ・しゅうぞう）：26
井上達夫（いのうえ・たつお）：66、70
ウェーバー（Max Weber）：25
植村正久（うえむら・まさひさ）：92
内村鑑三（うちむら・かんぞう）：9、14、28、72-73、75-85、87、89-90、93
海老名弾正（えびな・だんじょう）：68
オウ・ジィェンミン（Au Kin Ming）：16-22、28
大濱徹也（おおはま・てつや）：92
落合恵美子（おちあい・えみこ）：24

**カ行**

加地伸行（かじ・のぶゆき）：12、26
川又俊則（かわまた・としのり）：32-33
ガンディー（Mohandas Karamchand Gandhi）：91
菊川美代子（きくかわ・みよこ）：90
キュンク、ハンス（Hans Küng）：18、28
金文吉（キム・ムンギル）：46
キング、マーティン・ルーサー（Martin Luther King, Jr）：91
クロッサン、ジョン・ドミニク（John Dominic Crossan）：11、25

**サ行**

齋藤純一（さいとう・じゅんいち）：56
櫻井圀郎（さくらい・くにお）：31、45、70

徐亦猛（シュ・イーモン）：69
朱子（しゅし）：18
瀬地山角（せちやま・かく）：26

**タ行**

高橋哲哉（たかはし・てつや）：91
武田清子（たけだ・きよこ）：32
チン、ジュリア（Julia Ching）：28
ティリッヒ、パウル（Paul Tillich）：18、28、92
デュルケム（Émile Durkheim）：25
トレルチ（Ernst Troeltsch）：93

**ナ行**

ネヴィウス、ジョン・リヴィングストン（John Livingston Nevius）：23、69

**ハ行**

パネンベルク（Wolfhart Pannenberg）：24
ベック、ウルリッヒ（Ulrich Beck）：70
ベラー（Robert Neelly Bellah）：62

**マ行**

マック（Burton L. Mack）：27
松谷曄介（まつたに・ようすけ）：68
ムフ、シャンタル（Chantal Mouffe）：66、70-71
森岡清美（もりおか・きよみ）：32
モリソン（Robert Morrison）：23
モルトマン（Jürgen Moltmann）：28

**ラ行**

リクール（Paul Ricoeur）：93

## 芦名 定道（あしなさだみち）

1956年生まれ。京都大学大学院文学研究科博士後期課程（キリスト教学）修了。京都大学博士（文学）。大阪市立大学講師・助教授を経て、現在、京都大学大学院文学研究科・教授（キリスト教学担当）。
主な著書：『宗教学のエッセンス――宗教・呪術・科学』（1993年、北樹出版）、『ティリッヒと現代宗教学』（1994年、北樹出版）、『ティリッヒと弁証神学の挑戦』（1995年、創文社）、『自然神学再考――近代世界とキリスト教』（2007年、晃洋書房）、『近代日本とキリスト教思想の可能性』（2016年、三恵社）、など。

キリスト教研究叢書
## 東アジア・キリスト教の現在

2018年3月26日　初版発行
2020年8月1日　第2刷発行

| | |
|---|---|
| 著　者 | 芦名 定道 |
| 定　価 | 本体価格1,800円＋税 |
| 発行所 | 株式会社 三恵社 |

〒462-0056 愛知県名古屋市北区中丸町2-24-1
TEL 052-915-5211　FAX 052-915-5019
URL http://www.sankeisha.com

本書を無断で複写・複製することを禁じます。乱丁・落丁の場合はお取替えいたします。
ⓒ2018 Sadamichi Ashina　ISBN 978-4-86487-786-2 C3016 ¥1800E